Piaget Quid Tertium:
La Voie du Milieu

Nature & Culture

Dr. Véronique Elefant-Yanni

HUMAN
EDITIONS

"Le monde existe par le souffle des petits enfants dans les écoles."

A ma fille Manouchka

DR. VÉRONIQUE ELEFANT-YANNI

Dr. Elefant-Yanni est titulaire d'un Doctorat en Sciences Affectives et d'un Master Avancé en Psychologie Clinique de l'Université de Genève, Suisse.

Sa recherche a été inspirée par la phrase de Piaget "continuité fonctionnelle, discontinuité structurale". De là, elle a développé son propre modèle expliquant comment la vie passe d'un système à l'autre en utilisant des fonctions similaires au modèle de Piaget : assimilation / accommodation, adaptation / équilibration. Elle a montré que la structure tridimensionnelle de l'affect s'inscrit dans ce modèle.

Adepte de la méditation, Dr. Elefant-Yanni propose un programme de bien-être à ses patients en psychothérapie basé sur ses recherches sur l'affect.

TABLE DES MATIÈRES

PREAMBULE 3

EVOLUTION DES IDÉES EN HISTOIRE DES SCIENCES 7

Le contexte historique : Les grandes influences 7

Panorama de quelques auteurs qui ont marqué l'évolution des idées quant à l'origine des espèces 11

PIAGET, BRÈVE BIOGRAPHIE 69

PIAGET, DES SCIENCES NATURELLES A LA BIOLOGIE EN PASSANT PAR L'ÉPISTÉMOLOGIE GÉNÉTIQUE 75

La découverte du débat d'idées concernant l'origine des espèces 75

L'activité en zoologie et en malacologie 77

L'influence déterminante de Godet, la taxonomie des mollusques 80

La controverse entre Piaget et Roszkowski 82

QUID TERTIUM : LA VOIE DU MILIEU, L'ÉQUILIBRE 174

Phénocopie 174

Le Tertium, une position intermédiaire 198

Evidence contemporaine du tertium de Piaget 205

SYNTHÈSE ET CONCLUSION 212

BIBLIOGRAPHIE 214

PREAMBULE

Jean Piaget était un psychologue suisse qui est surtout connu pour la théorie du développement cognitif qu'il a élaborée en soulignant les rôles imbriqués de la nature et de l'environnement dans le développement de la pensée des enfants. Les études de Piaget ont montré que les enfants construisent activement leur propre compréhension du monde à travers leurs interactions avec l'environnement.

Les recherches de Piaget se sont concentrées sur la compréhension par les enfants de concepts tels que le temps, l'espace, la causalité et la moralité. Il a observé que les enfants passent par des stades distincts de développement cognitif et que la façon dont ils pensent à ces concepts change à mesure qu'ils progressent dans ces stades.

Piaget pensait que les enfants naissent avec des structures cognitives innées, qu'il appelait schèmes, qui constituent une base pour l'apprentissage. Cependant, il a aussi mis l'accent sur le fait que les expériences et les interactions des enfants avec l'environnement jouent un rôle crucial dans le développement de ces schèmes. Selon Piaget, le processus de développement cognitif implique une interaction constante entre les structures cognitives innées de l'enfant et l'environnement.

Dans l'ensemble, les travaux de Piaget ont démontré que la nature et l'environnement ont une influence importante sur le développement cognitif. Les enfants naissent avec des structures cognitives innées, mais leurs expériences et leurs interactions avec l'environnement façonnent le développement de ces structures au fil du temps. Les opérations derrière le développement du fonctionnement des enfants restent les mêmes dans la création et la coordination de nouveaux schèmes, mais leur complexification aboutit à des paliers de structures identifiés, ou stades, permettant de nouvelles compétences. La pensée structuraliste de Piaget est basée sur ce constat de la continuité fonctionnelle et de la discontinuité structurale.

L'étude de la psychologie génétique dans le cadre académique amène surtout à la compréhension du fonctionnement interne et de la cohérence du système que Jean Piaget a élaboré concernant le développement cognitif des enfants.

Cependant, dans les écrits de Piaget, le soubassement organique de son analyse du fonctionnement cognitif transparaît fortement, le présent essai vise à étudier les bases biologiques de la pensée chez Piaget.

Munis de cette "clé biologique", nous nous sommes trouvés devant les nombreux questionnements relatifs à l'origine des espèces, aux théories de l'évolution et au positionnement de l'homme face à son destin entre le libre-arbitre et le déterminisme, en bref devant le "gouffre" de l'histoire des sciences. Nous utilisons le terme de "gouffre" parce qu'il reflète bien le sentiment que nous avons rencontré tout au long : retracer l'évolution des concepts et du raisonnement de notre auteur nous plongeait dans la nécessité de retracer l'évolution des idées, les liens entre les hommes comme entre les théories.

Zazzo dit que la psychologie naît en se défaisant de l'introspection, en prenant "le train de l'évolutionnisme", à un moment où se développe la psychologie animale et une psychologie comparée de l'homme et des animaux. Nous pensons que cette genèse scientifique s'applique bien au cas de l'œuvre de Jean Piaget et s'explique par son histoire personnelle. La combinaison de trois éléments va forger ses conceptions. En premier lieu la pratique de l'observation des faits encouragée par son père qui lui conseillait de trouver une discipline où il puisse être sûr de quelque chose. En second lieu la découverte des théories de l'évolution teintée par une application sociologique insupportable à l'époque de la Première Guerre Mondiale. Enfin, et résultant du point qui précède, la crise d'adolescence qui l'éloigne du "démon de la philosophie" comme il l'appelle lui-même.

A partir de ses premiers écrits de malacologie et au travers de la controverse qui l'oppose à Waclaw Roszkowski, Piaget est amené à s'interroger sur la notion d'adaptation, c'est-à-dire sur les relations entre organisme et milieu, et plus tard entre génotype et phénotype. On passe ainsi de l'étude descriptive et systématique des mollusques au problème des relations entre la structure héréditaire et les influences du milieu.

En 1911, la prise en compte des intermédiaires, son grand intérêt pour la variabilité des formes s'agencent parfaitement avec sa conception lamarckienne de l'hérédité des caractères acquis. La variabilité est alors conçue dans la dimension verticale du temps comme attestant de l'évolution des formes dans la durée. Dès ses écrits de 1920, et plus encore dans ceux de 1929, sa conception prend un virage en ne considérant plus la variabilité des formes comme une gêne et une cause d'erreur dans la classification, mais comme un attribut fondamental de l'espèce qui lui donne une "puissance d'adaptation" à des milieux variés.

La variabilité est maintenant conçue dans la dimension horizontale de l'espace intra spécifique qui donne la possibilité de s'adapter aux conditions changeantes du milieu, de se diversifier d'une localité à l'autre, de donner accessoirement prise à la sélection naturelle, de se transformer au cours du temps et éventuellement de se scinder en espèces nouvelles. Ce changement de perspective s'est effectué grâce au passage d'une optique essentialiste à une optique populationniste.

Après trente-six ans d'un quasi silence en ce qui concerne ses publications relatives à la biologie, l'évolution de sa conception aboutira à l'élaboration d'un système, le tertium, une voie du milieu entre les théories de Lamarck et de Darwin. Le tertium est aussi une réponse à la sempiternelle question de savoir ce qui prime de nature ou culture, par la réalisation que leur imbrication fonctionnelle nécessaire réalise un précipité structural de qualité nouvelle. Nous présenterons les principaux axes tout en tentant finalement de voir la place qu'il occupe dans la pensée scientifique contemporaine.

EVOLUTION DES IDÉES EN HISTOIRE DES SCIENCES

Le Contexte Historique : les Grandes Influences

Pour comprendre le système théorique qui sous-tend le travail de Piaget, il nous a semblé nécessaire d'avoir un aperçu du débat d'idées qui existe, pendant ses années de formation d'abord comme naturaliste, puis lors de sa découverte bouleversante des théories qui fondent la biologie moderne, en particulier la sélection naturelle et les lois de la génétique mendélienne telles qu'elles sont présentées par les néo-darwiniens. Ce n'est pas tant leur application au domaine zoologique qui choque l'adolescent imprégné de valeurs humanistes par l'enseignement religieux social et libéral qu'il reçoit, et par l'intérêt philosophique auquel il est porté, mais dans la période qui précède la Première Guerre Mondiale, c'est l'application à l'homme de ces concepts, déformés pour justifier une idéologie élitiste, inégalitaire et raciste, et une vision politico-historique des relations entre les nations qui justifie la guerre.

La bataille est d'abord celle des idées, et leur champ l'histoire des sciences qui relève, comme encore toutes les sciences avant qu'on ne les appelle modernes, de la philosophie où Piaget s'absorbe pour un temps. C'est là, pendant ces années dont Piaget lui-même reconnaît qu'elles ont joué un grand rôle dans sa destinée, qu'il faut, pensons-nous, chercher la clef de ce qui motive Piaget pendant plus de cinquante ans à étudier la genèse de la Connaissance.

Piaget lui-même nous dit dans son "Autobiographie" écrite en 1950 :
"Cette initiation précoce à la malacologie eut sur moi une influence
profonde. Quand, en 1911, j'avais 15 ans, monsieur Godet mourut,
j'en savais assez sur ce sujet pour commencer à publier, sans aide,
une série d'articles sur les mollusques (...) Bien entendu les divers
articles que je publiai à cet âge étaient loin d'être parfaits (nous
sommes en 1950 !). Ce ne fut que beaucoup plus tard, en 1929, que
je fus capable de faire quelque chose de plus sérieux dans ce
domaine."(1976 p, 3)

Et en effet à cette époque Piaget pallie à son manque de "culture
biologique" puisque plus loin il écrit encore : "le cours d'histoire de la
pensée scientifique que je donnais à la Faculté des sciences de
Genève me permit d'avancer plus énergiquement dans la direction
d'une épistémologie fondée sur le développement mental tant
ontogénétique que phylogénétique. Pendant dix années
consécutives j'étudiai intensivement l'émergence et l'histoire des
principaux concepts de la mathématique, de la physique et de la
biologie" (Ibid. p.17).

Mais en ce qui concerne le mobile secret de son activité en
psychologie, le mieux c'est de laisser s'expliquer Piaget sur
l'importance de ses années de formation qui, chez lui, commencent
précocement à l'enfance et dont nous pensons pouvoir situer la fin à
la maturité : "Ces études, pour prématurées qu'elles fussent, furent
néanmoins très utiles à ma formation scientifique ; de plus elles
fonctionnèrent si je puis dire comme instruments de projection contre
le démon de la philosophie. Grâce à elles, j'eus le rare privilège
d'entrevoir la science et ce qu'elle représente avant de subir les

crises philosophiques de l'adolescence. Avoir eu l'expérience précoce de ces deux types de problématiques a constitué, j'en suis convaincu, le mobile secret de mon activité ultérieure en psychologie" (Ibid. p.3).

Nous savons par ailleurs que Piaget, dès l'enfance, a toujours beaucoup lu comme en atteste son tout premier article de 1907 où il fait référence à un article paru dans une ancienne parution du Rameau de Sapin (voir image ci-dessous). Sans doute Godet poussait-il son élève à approfondir les travaux des grands naturalistes, ne serait-ce que pour s'informer des usages en vigueur de la nomenclature chez les malacologistes. Effectivement, nous trouvons au fil des écrits un grand nombre de références à divers auteurs, catalogues, etc.

Emprunts de Jean Piaget à la bibliothèque de Neuchâtel en 1914
Histoire et évolution des problèmes métaphysiques (Renouvier)
Critique de la raison pratique (Kant)
Recherche de la méthode (Secrétan)
Essai d'une morale et Morale sociale (Guyau)
Morale évolutionniste (Spencer)
La Morale, L'Art et la Religion (Fouillé)
La Liberté et le déterminisme (Fouillé)
Matière et mémoire et Essai sur les données (Bergson)
Philosophie de l'effort (Sabatier)

(1996a, p. 89)

UN MOINEAU ALBINOS

À la fin du mois de Juin dernier, je vis à mon grand étonnement au milieu du Faubourg de l'Hôpital à Neuchâtel, un moineau ayant tous les signes apparents d'un albinos. Il avait le bec blanchâtre, plusieurs plumes du dos et des ailes blanches, et la queue de la même couleur. Je m'approchai, pour le voir de plus près, mais il s'envola ; je pus le suivre des yeux encore quelques minutes, puis il disparut par la Ruelle du Sort.

Je viens de voir aujourd'hui même dans le Rameau de Sapin de 1868 où il était question d'oiseaux albinos, ce qui m'a donné l'idée d'écrire les quelques lignes qui précèdent.

Neuchâtel, le 22 Juillet 1907.

Jean Piaget,

élève du Collège latin.

Rectification. – Le nom de M. Maurice Borel, cartographe, a été oublié sur le plan accompagnant l'article de M. L⁺ Ritter, sur « **Les nouvelles Fouilles de 1907, à la station de la Tène** ». Nous rectifions cette omission à la demande de M. L⁺ Ritter, notre collaborateur. – *(Réd.).*

Avant de s'engager dans une science, quelle qu'elle soit, il convient de connaître l'origine des idées et des concepts qui ont imprégné son auteur. Bien que nous ayons par ailleurs conscience que toute tentative d'appréhension globale est une illusion vouée par avance à l'échec, nous avons ressentis le besoin de retracer l'histoire des idées au travers des courants qui se sont côtoyés, mutuellement empruntés et succédés. Il est toujours remarquable de voir combien, parfois, retracer, même brièvement, la vie des hommes éclaire la découverte des idées, aussi pour certains nous avons été entraînés à suivre leur parcours personnel.

Panorama de Quelques Auteurs Qui Ont Marqué l'Évolution des Idées Quant à l'Origine des Espèces

L'Origine du Concept de "Nature"

L'histoire naturelle, l'objet des naturalistes, est la science de la "Nature", concept qui relève à la fois des sciences physiques, de la philosophie et de la théologie. Etymologiquement le terme signifie "naître", ce qui nous ramène à l'idée première d'une réalité qui est ce qu'elle est de par sa simple spontanéité : un jaillissement originel. Au sens le plus immédiat, c'est ce qui s'impose à l'homme selon l'ordre d'une extériorité contraignante. Et tout d'abord, l'ensemble des réalités "physiques"qui définissent le cadre de son existence, le monde matériel, celui qui est précisément l'objet des "sciences de la nature".

Dans la culture occidentale, on a cru pendant des siècles que la terre était âgée de quelques milliers d'années seulement et que les formes vivantes avaient été créées individuellement et immuablement par Dieu en six jours.

A l'époque classique, si certains philosophes grecques croyaient au concept de l'évolution, ce ne sont pas ceux qui ont marqué la pensée occidentale. En effet Platon (427-347 av. J.-C.) posait l'existence de deux mondes : d'une part un monde réel, idéal et éternel et, d'autre part, un monde illusoire d'imperfection que l'être humain perçoit par ses sens. Ainsi les variations observées dans les populations de plantes et d'animaux constituaient des représentations imparfaites de formes idéales (eidos), ou essences, et seules ces formes parfaites étaient réelles. La philosophie de Platon, appelée idéalisme ou essentialisme, niait l'évolution car un tel mécanisme aurait été défavorable dans un monde peuplé d'organismes idéaux déjà parfaitement adaptés à leur milieu. Elle sera le fondement de l'optique typologique qui, au 19ème siècle, s'oppose à l'optique populationniste. La première considère que la variabilité au sein d'une population représente des écarts par rapport à un prototype immuable qui en est l'essence. La seconde, au contraire, admet qu'aucune valeur constante n'est associée à une population variable. Ainsi, chaque individu est unique et différent de tous les autres.

Concernant la réalité du monde, son disciple Aristote (384-322 av. J.-C.) est le premier à poser l'autonomie de la "physique" au regard de la "métaphysique". Il conteste le dualisme de Platon sans pour autant admettre la notion d'évolution. Comme naturaliste, il reconnaît que les organismes présentent divers degrés de complexité qu'il pense pouvoir classer selon une "échelle des êtres" des plus simples aux plus perfectionnés.

Pendant plus de deux mille ans s'installe un dogme créationniste-essentialiste qui s'appuie sur la bible pour affirmer que les espèces sont fixes et permanentes et qu'elles n'évoluent pas (doctrine du fixisme). Il faut attendre Bacon au 16ème siècle pour entendre à nouveau la requête d'une authentique étude scientifique de la nature.

La Question de la Transformation des Espèces

Au 18ème siècle, le médecin et botaniste suédois Carl Von Linné (1707-1778), "pour la plus grande gloire de Dieu", décide de répertorier la diversité du vivant. Il crée ainsi la taxonomie et élabore la nomenclature binomiale qui désigne chaque organisme par son genre et son espèce. S'inspirant de Buffon (voir plus loin), il met au point une classification hiérarchique des catégories qui constitue un modèle alternatif à l'échelle des êtres qui existent depuis l'antiquité. A ces yeux cependant, le regroupement des espèces en catégories ne révèle nulle parenté évolutive. Partisan de la théologie naturelle (philosophie qui s'attache à découvrir le dessin du Créateur en étudiant ses œuvres) Linné croit en la permanence des espèces. Même à l'époque où émerge le darwinisme, les naturalistes européens et américains se réclament, pour la plupart, de la théologie naturelle selon laquelle les adaptations des organismes prouvent que le Créateur a conçu chaque espèce à une fin précise.

Mais au siècle des Lumières, le débat relatif à l'interaction entre science et philosophie bat son plein à propos de l'appréhension du vivant à partir de la science de la génération.

Darwin (voir plus loin) écrit que "Buffon est le premier qui dans les temps modernes devait traiter ce sujet de l'origine des espèces au point de vue essentiellement scientifique". Cet écrivain et naturaliste français (1707-1788) expose ses théories dans son "Histoire naturelle" (44 volumes !) sur l'interprétation unitaire des phénomènes naturels, sur l'origine des espèces, sur l'influence du milieu, ainsi que ses observations précises de la "vie" des organismes.

En 1762, dans son ouvrage "Considérations sur les corps organisés", le philosophe et naturaliste genevois Charles Bonnet (1720-1793) critiquant Buffon, réfute la théorie de l'épigenèse, au profit de la préformation. Partant de conceptions religieuses, il ne peut accepter une explication mécanique de la formation de l'être organisé, et propose qu'il existe déjà "en petit" sous la forme de germe ou "corpuscule organique" (p.1) qui n'est pas "une ébauche ou une esquisse du corps organisé" puisqu'il "contient actuellement en raccourci toutes les parties essentielles à la plante ou à l'animal qu'il représente" (p.15), preuve "que cette admirable machine a d'abord été dessinée en petit par la même main qui a tracé le plan de l'univers" (p.71). Les hypothèses de Bonnet sont intéressantes dans la mesure où elles laissent entrevoir l'idée d'évolution, et il insinue même la notion dynamique de récapitulation (voir plus loin) dans sa théorie de la préformation quand il évoque la "suite des êtres organisés, renfermés comme autant de petits mondes, les uns dans les autres" (p.75). Pourtant, paradoxalement, les pré-formistes ont créé le terme d'évolution pour signifier non-développement, pour décrire leur vision statique de la vie, celle d'un homonculus encapsulé, préformé qui ne fait que prendre sa grande dimension.

La vision statique ou cyclique de la nature à la fin du 18ème siècle est la précondition à une pensée progressiste et historique qui elle-même est nécessaire à la commune acceptation des théories de l'épigenèse, de l'évolution, et de la récapitulation. A cette époque, les savants admettent encore couramment, avec ses principes de plénitude, de continuité, l'échelle des êtres qui ordonne de manière immuable les organismes selon leur complexité, mais la pensée progressiste les amène à la concevoir comme une échelle temporelle sur laquelle s'ordonnent des organismes qui deviennent de plus en plus complexes.

A la même époque, l'anatomiste français Georges Cuvier
(1769-1832), jette les bases de la paléontologie, l'étude des fossiles.
Les strates fossilifères prouvent de manière concrète et irréfutable
que la terre a connu une succession de flore et de faune. Ainsi Cuvier
constate d'une part que chaque strate se caractérise par une série
particulière d'espèces fossiles d'autant plus dissemblables des
espèces actuelles qu'elles sont enfouies profondément. D'autre part,
il conçoit des périodes d'extinctions fréquentes, car de strates en
strates, des espèces apparaissent tandis que d'autres disparaissent.
Fixiste convaincu, pour concilier ses observations, il prétend que les
frontières entre les strates correspondent à des catastrophes ayant
causé la destruction de toute vie, mais limitées dans l'espace et
qu'ensuite il y a repeuplement par des espèces venues d'ailleurs.
Cette théorie appelée "catastrophisme" se heurte à la nouvelle
explication des phénomènes géologiques de James Hutton (1795) en
vertu de laquelle l'état de la terre résulte de processus lents mais
continuels suivant le principe du gradualisme.

Les progrès de la paléontologie et de la géologie ont une importance
première et déterminante dans l'avènement d'une conception non-
dogmatique de l'âge de la Terre, et par voie de conséquence, d'une
représentation des longues durées favorables à l'idée de
transformations lentes et graduelles des espèces.

La Théorie de Lamarck

Vers la fin du 18ème siècle, plusieurs naturalistes suggèrent que
l'évolution de la vie a été parallèle à celle de la Terre. Mais un seul
élabore un modèle holistique pour expliquer les mécanismes de
l'évolution biologique, il s'agit de Jean-Baptiste de Lamarck

(1744-1829). Bien que son œuvre ait connu une éclipse de popularité, Lamarck connaît actuellement une réhabilitation grâce à une redécouverte de l'ensemble de ses écrits qui permet de mieux saisir et dans sa globalité sa vision de l'origine et de l'histoire des espèces.

Dès 1779, grâce à l'appui de Buffon, il publie "Flore Française", et acquiert aussitôt la réputation d'un botaniste de premier rang. A cette époque, il est encore fixiste, mais il propose déjà des éléments de réflexion qu'il intégrera ensuite naturellement dans ses conceptions transformistes. Il souligne en effet : "La marche libre et infiniment variée de la Nature" , le "plan immense et merveilleusement gradué, sur lequel la Nature a travaillé" , "la suite des affinités que l'on a observées dans les plantes, et la chaîne admirablement graduée qu'elles paraissent former, du moins en une multitude d'endroits, lorsqu'on les rapproche en raison de ses affinités".

A partir de 1791, il commence à rédiger des articles pour le "Tableau encyclopédique et méthodique des trois règnes de la Nature…" où il se rallie au système de Linné, tout en critiquant son caractère "arbitraire". L'espèce est pour lui une catégorie réellement existante dans la Nature, tandis que les autres ne le sont pas, bien qu'il reconnaisse qu'"on ne peut véritablement parvenir à la connaissance des végétaux, c'est-à-dire, à la détermination bien exacte des espèces observées, qu'en partageant l'ensemble des végétaux connus en plusieurs sortes de divisions artificielles, subordonnées les unes aux autres, et disposées méthodiquement".

Pour Lamarck, "la parfaite connaissance des espèces (…) est le vrai terme auquel on doit chercher à parvenir"et son objectif ne variera pas même après avoir conçu que les espèces dérivent les unes des autres. Il considère aussi qu'il existe des familles naturelles, et que le botaniste doit les rechercher. Lamarck ici ne fait qu'ouvrir le long débat entre les courants réaliste et nominaliste qui s'opposent au sujet du statut de l'espèce. Nous verrons que bien plus tard pour Piaget cette question du statut de l'espèce, entre nominalisme et réalisme, se posera encore.

Lamarck se montre encore vitaliste dans son écrit de 1794, les "Recherches sur les causes des principaux faits physiques" puisque les êtres vivants y "jouissent d'un principe particulier, dont sans doute l'origine et l'essence ne peuvent être assignées physiquement". Il lui faut concevoir que ce "principe vital" a "la propriété de modifier la matière", car "il n'est pas possible qu'une cause physique quelle qu'elle soit, ait jamais pu donner lieu à l'existence des êtres organiques".

En 1797 dans "Mémoires de Physique et d'Histoire naturelle", Lamarck maintient la "distance infinie" qui sépare les êtres vivants des êtres sans vie, mais attribue le "mouvement vital" à la "faculté" qu'on les êtres vivants, "par le moyen des fonctions de leurs organes, de former des combinaisons directes, c'est-à-dire, d'unir ensemble les éléments libres, et de produire immédiatement des composés". Par suite, "au moyen de l'exécution de ces fonctions organiques, l'être a la faculté de composer sa propre substance, c'est-à-dire, de modifier, de préparer, en un mot, d'assimiler sans cesse les matières dont il se nourrit, à la substance même dont il est formé ; et de réparer les pertes que la nature lui fait à tout moment subir". Aussi "la vie, dans les êtres qui en sont doués, n'est autre chose que le mouvement qui résulte, dans les parties de ces êtres, de l'exécution des fonctions de leurs organes essentiels". Cette conception de Lamarck sera reprise et élaborée par Le Dantec qui fera de l'"assimilation fonctionnelle" (voir plus loin) le processus clé de sa théorie de l'évolution. Et comme nous le verrons, Piaget rencontrera cette notion chez ce dernier auteur dont il fera une des grandes fonctions de sa théorie du développement cognitif et qu'il reprendra encore bien plus tard dans sa proposition d'un tertium aux théories de l'évolution.

Dans les écrits de Lamarck de 1799, l'unité des vivants, qui semblent former une "immense chaîne", apparaît comme un concept fondamental. La même année, dans un mémoire intitulé "Prodrome d'une nouvelle classification des coquilles" il montre l'importance qu'il attache à l'étude des espèces fossiles, qu'il compare à des espèces contemporaines, utilisant une méthode qui sera reprise ensuite par les paléontologistes évolutionnistes et les naturalistes tels que Piaget : "Il est très essentiel de rechercher et de déterminer les analogues vivants ou marins du grand nombre de coquilles fossiles qu'on trouve enfoui au milieu même de nos vastes continents. Or, les conséquences qu'on pourra tirer de ces déterminations, sont d'un si grand intérêt pour l'histoire naturelle, et surtout pour la théorie même du globe que nous habitons, puisqu'elles peuvent nous éclairer sur la nature des changements qu'ont successivement éprouvés les différents points de sa superficie".

En 1800, à 56 ans, Lamarck expose pour la première fois ses idées sur la transformation des espèces dans son "Discours d'ouverture du cours de l'an VIII". Il y déclare que son étude sur les "invertébrés" (terme qu'il a créé) montre l'"étonnante dégradation dans la composition de l'organisation", qui nous conduit "insensiblement au terme inconcevable de l'animalisation, c'est-à-dire à celui où sont placés les animaux les plus imparfaits, les plus simplement organisés, ceux en un mot qu'on soupçonne à peine doués de l'animalité, ceux peut-être par lesquels la nature a commencé, lorsqu'à l'aide de beaucoup de temps et des circonstances favorables, elle a formé tous les autres". Concernant les circonstances Lamarck souligne que "les principales naissent de l'influence des climats, des variations de température de l'atmosphère et de tous les milieux environnants, de la diversité des lieux, de celle des habitudes, des mouvements, des actions, enfin de celles des moyens de vivre, de se conserver, se défendre, se multiplier, etc. Or par suite de ces influences diverses, les facultés s'étendent et se fortifient par l'usage, se diversifient par les nouvelles habitudes longtemps conservées ; et insensiblement la conformation, la consistance, en un mot la nature et l'état des parties ainsi que des organes, participent des suites de toutes ces influences, se conservent et se propagent par la génération". On voit ici que Lamarck retourne le schéma explicatif généralement admis concernant la création. Au lieu de partir de la forme donnée par Dieu pour expliquer les fonctions des êtres, il part des "circonstances favorables" pour expliquer les conformations des êtres. Dans un tel extrait nous trouvons déjà exprimé l'importance que Piaget accordera plus tard aux conditions du milieu, à l'aspect temporel, aux habitudes, etc.

Lamarck renverse le tableau traditionnel de la classification des animaux pour proposer une classification fondée sur "l'ordre des rapports établis par la nature elle-même, clairement indiqué par l'observation (...) en considérant d'abord l'organisation animale la plus simple, pour s'élever ensuite graduellement jusqu'à celle qui est la plus composée, comme depuis la monade qui, pour ainsi dire, n'est qu'un point animé, jusqu'aux animaux à mamelles, et parmi eux jusqu'à l'homme". S'éloignant de l'échelle des êtres à la manière d'Aristote, Lamarck conçoit une classification sur le modèle d'un arbre généalogique : "je n'entends point parler de l'existence d'une série linéaire, régulière dans les intervalles des espèces et des genres : une pareille série n'existe pas ; mais je parle d'une série presque régulièrement graduée dans les masses principales, telles que les grandes familles ; série bien assurément existante, soit parmi les animaux, soit parmi les végétaux ; mais qui dans la considération des genres et surtout des espèces, forme en beaucoup d'endroits des ramifications latérales dont les extrémités offrent des points véritablement isolés".

Dès lors sa théorie, le transformisme, ne connaîtra plus que des remaniements de détail, chez Lamarck ou chez ses successeurs, le principal restant la transformation des espèces, à partir des plus simples graduellement jusqu'aux plus complexes, en fonction des circonstances agissant dans la durée. L'évolution est mue par une tendance à la complexification que Lamarck semble associer à la notion de progrès.

En 1801, il illustre sa conception de l'histoire des espèces en s'appuyant sur les études concrètes qu'il expose dans son "Système des animaux sans vertèbres". Il conçoit qu'elle s'est réalisée d'un seul jet à partir d'une seule souche "les polypes amorphes" ou infusoires, qui sont "aussi anciens que la nature, et plus anciens que tous les autres animaux qui existent, s'il est vrai qu'avec le temps et toutes les circonstances nécessaires ils en soient tous provenus et en aient reçu successivement et graduellement l'existence".

Par l'analogie des espèces fossiles et des espèces actuelles, il veut montrer que les espèces anciennes n'ont pas toutes été "détruites", mais changées par le temps et les circonstances, ce qui suffit pour anéantir la thèse des catastrophes soutenue par Cuvier. Ainsi il déclare que "la diversité des circonstances amène, pour les êtres vivants, une diversité d'habitude, un mode différent d'exister, et par suite, des modifications ou des développements dans leurs organes et dans la forme de leurs parties, on doit sentir qu'insensiblement tout être vivant quelconque doit varier dans son organisation et dans ses formes. On doit encore sentir que toutes les modifications qu'il éprouvera dans son organisation et dans ses formes, par suite des circonstances qui auront influé sur cet être, se propageront par la génération, et qu'après une longue suite de siècles, non seulement il aura pu se former de nouvelles espèces, de nouveaux genres et même de nouveaux ordres, mais que chaque espèce aura même varié nécessairement dans son organisation et dans ses formes". Et de plus, l'histoire est unique, puisque "les débris fossiles dont nous connaissons les analogues vivants sont les fossiles les moins anciens". Ne dirait-on pas un siècle et demi avant, une formulation du tertium de Piaget ?

Dans son "discours d'ouverture du cours de l'an X", en 1802, Lamarck montre qu'il n'est pas nécessaire de faire appel au surnaturel d'une quelconque création divine pour expliquer l'état du monde passé ou présent : les "premières ébauches de l'animalité opérées directement par la nature, en un mot les générations spontanées" sont la base d'une "échelle qui va jusqu'à l'animal le plus riche en organisation et en facultés". Pour mieux faire comprendre cette capacité de la nature à provoquer des changements eux-mêmes naturels, il fait appel aux changements artificiels provoqués par la domesticité, comme Darwin le fera plus tard à son tour.

Si le concept d'espèce demeure, pour le naturaliste qu'il est, un instrument nécessaire d'exploration, la notion essentialiste de l'espèce a disparu chez lui au profit de celle d'une "collection d'individus", comme le montre clairement le passage suivant : "Je donne le nom d'espèce à toute collection d'individus qui pendant une longue durée, se ressemblent tellement par toutes leurs parties comparées entre elles, que ces individus ne présentent que des petites différences accidentelles". "Collection d'individus" qu'aujourd'hui nous appelons une population, qui "change comme les circonstances qui agissent sur elle" et se transforme soit en totalité, soit en fraction. D'une part, en effet, "à la suite de beaucoup de temps, la totalité des individus de telle espèce change comme les circonstances qui agissent sur elle" ; d'autre part il se peut aussi que des "individus qui, par des causes particulières, sont transportés dans des situations très différentes de celles où se trouvent encore les autres, et y éprouvent constamment d'autres influences ; ceux-là (...) prennent de nouvelles formes par suite d'une longue habitude de cette autre manière d'être, et alors ils constituent une nouvelle espèce, qui comprend tous les individus qui se trouvent dans la même circonstance". Et au risque de choquer ses contemporains,

Lamarck place l'homme sous la loi commune de la transformation de "toutes collections d'individus".

En dehors de ses études en biologie, son travail en paléontologie par comparaison analogique des espèces fossiles et actuelles l'amène à deux conclusions fondamentales : la continuité de la vie, puisque certaines espèces se retrouvent identiquement les mêmes du passé au présent, et la transformation des espèces puisque d'autres sont seulement analogues à celles d'aujourd'hui. Il relègue ainsi une fois pour toute le catastrophisme et le fixisme de son grand adversaire Cuvier dans les théories dépassées, en expliquant que "relativement à la chétive durée de notre existence, la lenteur des mutations essentielles que subissent les localités, entraînant une lenteur semblable dans les modifications des corps vivants, l'homme n'a pu observer lui-même une seule de ces mutations, mais seulement une portion de l'intervalle qui sépare chacune d'elles. Il n'a donc vu qu'un état stationnaire à son égard, qui le porte à se tromper sur la conséquence de ses observations".

Dans son "Discours d'ouverture du cours de l'an XI" de 1803, il enfonce définitivement le clou : "De manière qu'à la suite de générations qui se sont succédées les unes aux autres, ces individus qui appartenaient originairement à une autre espèce se trouvent à la fin à une espèce nouvelle, distincte de l'autre". A noter ici que l'utilisation du terme "mutation" a le sens de "métamorphose" dans une conception de continuité et non pas celui qu'il prendra plus tard d'une transformation "par saut" dans une conception de discontinuité.

En 1809, dans son ouvrage le plus connu, "La philosophie zoologique", il propose de diviser les espèces animales selon leur dégradation ou inversement selon leur perfectionnement progressif, et dans la sériation ainsi réalisée de bien distinguer les caractères attribuables à l'influence des lieux d'habitation et des habitudes contractées, de ceux qui résultent d'un perfectionnement ou de la composition de l'organisation. Il souligne ainsi que, suivant sa conception, deux forces sont en action qui expliquent l'histoire de la vie : une force intérieure à l'organisme qui amène sa complexification, et les forces extérieures qui modifient les apports de la première. Chez les êtres doués d'une sensibilité, et surtout de volonté, les circonstances ne modifient pas directement les organes mais provoquent une réaction "appropriée" de l'individu qui l'amène à répondre aux sollicitations extérieures par "des efforts de son sentiment intérieur". Au contraire, chez les êtres insensibles, et en particulier chez les plantes, l'influence est directe. Lamarck fait encore appel à des "fluides" , ou autrement dit à des agents naturels pour expliquer l'apparition de la vie et sa complexification. Le principal, "le fluide calorique" (chaleur) pénètre dans la matière inorganisée, créant des passages ou canaux, et progressivement apparaissent des rudiments d'organisation. Une fois ce processus mis en route, le mouvement des fluides et celui de l'être organisé contribuent à complexifier l'organisme. C'est ainsi qu'il explique la génération spontanée des organismes rudimentaires et les débuts de la vie, puis son développement par transformation continue des premiers organismes. Bien que sa façon de concevoir le commencement de la vie soit étonnamment proche de nos théories actuelles, ses formulations désuètes ont exposé leur auteur à l'incompréhension et au ridicule, et dans l'ignorance de ses écrits précédents où il étaie bien davantage ses affirmations de faits concrets, ont contribué au déclin de ses conceptions sur l'origine et l'évolution des espèces. Pourtant il reste le seul à avoir tenté d'expliquer, par des causes uniquement naturelles et matérielles, le mécanisme qui régit l'apparition de la vie et la transformation des espèces. On oublie trop souvent que la sélection naturelle de Darwin n'est qu'un phénomène conséquent, la résultante ou encore la description d'un état de fait dont les causes ne sont pas développées.

Lamarck énonce aussi les lois de la transformation des êtres et de l'hérédité des caractères acquis : "Dans tout animal qui n'a point dépassé le terme de ses développements, l'emploi plus fréquent et soutenu d'un organe quelconque, fortifie peu à peu cet organe, le développe, l'agrandit, et lui donne une puissance proportionnée à la durée de cet emploi; tandis que le défaut constant d'usage de tel organe, l'affaiblit insensiblement, le détériore, diminue progressivement ses facultés, et finit par le faire disparaître". D'autre part, "tout ce que la nature a fait acquérir ou perdre aux individus par l'influence des circonstances où leur race se trouve depuis longtemps exposée, et, par conséquent, par l'influence de l'emploi prédominant de tel organe, ou par celle d'un défaut constant d'usage de telle partie ; elle le conserve par la génération aux nouveaux individus qui en proviennent, pourvu que les changements acquis soient communs ".

Sa "conclusion particulière"est que "la nature en produisant successivement toutes les espèces d'animaux, et en commençant par les plus imparfaits ou les plus simples, pour terminer son ouvrage par les plus parfaits, a compliqué graduellement leur organisation ; et (...) chaque espèce a reçu de l'influence des circonstances dans lesquelles elle s'est rencontrée, les habitudes que nous lui connaissons et les modifications dans ses parties que l'observation nous montre en elle". Et à propos de l'homme, il persiste dans la direction déjà amorcée en 1802 dans ses "Recherches sur l'organisation des corps vivants" : L'homme rentre dans le cas général de la transformation des êtres puisque "si l'homme n'était distingué des animaux que relativement à son organisation, il serait aisé de montrer que les caractères d'organisation dont on se sert pour en former, avec ses variétés, une famille à part, sont tous le produit d'anciens changements dans ses actions, et des habitudes qu'il a prises et qui sont devenues particulières aux individus de son espèce. Effectivement, si une race quelconque de quadrumanes, surtout la plus perfectionnée d'entre elles, perdait, par la nécessité des circonstances, ou par quelqu'autre cause, l'habitude de grimper sur les arbres, et d'en empoigner les branches avec les pieds, comme avec les mains, pour s'y accrocher ; et si les individus de cette race, pendant une suite de générations, étaient forcés de ne se servir de leurs pieds que pour marcher, et cessaient d'employer leurs mains comme des pieds ; il n'est pas douteux, d'après les observations exposées dans le chapitre précédent, que ces quadrumanes ne fussent à la fin transformés en bimanes, et que les pouces de leurs pieds ne cessassent d'être écartés des doigts, ces pieds ne leur servant plus qu'à marcher ". L'attitude debout s'explique de la même manière, et l'évolution de la face, et de même le besoin de communiquer par signes, puis de "former des sons articulés". "Ainsi, à cet égard, les besoins seuls auront tout fait : ils auront fait naître les efforts et les organes propres aux articulations des sons se seront développés par leur emploi habituel ”.

De 1815 à 1822, Lamarck entreprend d'écrire l'“Histoire naturelle des animaux sans vertèbres” en 7 volumes, c'est sa contribution majeure à la pensée du 19ème siècle, tant au point de vue scientifique qu'au point de vue philosophique. L'application généralisée de sa doctrine transformiste définit l'étude des naturalistes qui ne sera plus remise en question que par l'intégration de la sélection naturelle. Le titre de la 6ème partie de cet ouvrage, “De la nature, ou de la puissance, en quelque sorte mécanique, qui a donné l'existence aux animaux, et qui les a faits nécessairement ce qu'ils sont”, illustre parfaitement le profond matérialisme de Lamarck, conception nouvelle qui pose véritablement les bases d'une étude scientifique des phénomènes de vie. Il écrit que la classification taxonomique révèle “l'ordre de la production des animaux” et souligne l'existence de ramifications sans qu'il soit possible d'“offrir partout, entre les masses distinguées, de transitions vraiment naturelles”. On voit ainsi que la vision lamarckienne est loin d'être linéaire, qu'il conçoit des “branches distinctes” et qu'il est conscient du fait qu'il est impossible d'établir une continuité des lignes descendantes faute de connaissances suffisantes : “En effet, au lieu d'une nuance dans les progrès de la composition de l'organisation animale, on observe, en arrivant aux insectes, une espèce de saut assez considérable, en un mot, un avancement remarquable dans la composition et le perfectionnement de l'organisation, et l'on est autorisé à supposer qu'il existe des animaux inconnus qui remplissent le vide que nous rencontrons”. Lamarck marque en même temps les ressemblances et les différences qui existent entre les classes apparemment voisines sur le tableau de la classification : "si l'on examine ce qu'ils sont les uns par rapport aux autres, on pourra penser que, pour leur donner successivement l'existence, la nature n'a suivi qu'un seul plan, tant ils tiennent les uns aux autres par des analogies nombreuses. Bientôt, malgré cela, on remarquera que ce plan, a reçu, presque dès son origine, des déviations dans la direction de son exécution, par l'influence de certaines circonstances ; car son produit a donné lieu à plusieurs branches bien distinctes, et non à une succession suivie d'objets formant une série simple". Nous verrons que la conception de Geoffroy Saint Hilaire reprend cette idée selon laquelle tous les organismes sont construits à partir d'un même plan structural rendant compte de la chaîne du vivant.

A l'opposé de ce que fera Darwin, Lamarck, fidèle à son épistémologie transformiste, traite en même temps des espèces actuelles et des espèces fossiles, en les rapprochant selon son principe des analogies qui supporte sa doctrine. C'est avec jubilation qu'il signale l'existence fréquente d'analogues fossiles aux espèces vivantes qu'il étudie, ou l'inverse. A son exemple, ses innombrables disciples en malacologie se sont laissés entraîner à penser que les espèces actuelles ne sont en fait que les anciennes "changées par le temps et les circonstances favorables" et prennent soin, comme Piaget, de noter les formes intermédiaires.

Darwin peut arriver à ce moment pour cueillir le fruit de ces travaux réalisés à la découverte de l'origine de la vie. Il rendra hommage à "ce naturaliste célèbre à juste titre" comme étant le premier à avoir attiré l'attention sur la transformation des espèces, à soutenir que les changements dans le monde organique étaient dus à des lois et non à une intervention surnaturelle, et à faire la distinction entre les affinités réelles et les ressemblances dues à l'adaptation, enfin à soutenir la descendance animale de l'homme.

Il convient en effet de reconnaître les mérites d'une théorie audacieuse, Lamarck étant un visionnaire à bien des égards : il a compris que la terre est très ancienne, que l'évolution constitue la meilleure explication des archives géologiques et de la diversité biologique, et que l'adaptation au milieu est un important produit de l'évolution.

Le Dantec (1869-1917), biologiste français, est le digne successeur de Lamarck. Il laisse derrière lui une œuvre immense qui, en partie, participe à la vulgarisation des sciences du vivant et plus particulièrement aux idées du transformisme. Il n'est pas abusif de considérer toute l'œuvre épistémologique et didactique de cet homme comme un long commentaire présentant différents aspects du principe de l'"assimilation fonctionnelle", lamarckien en substance. L'objet de la biologie est pour Le Dantec l'étude de l'ensemble des caractères communs aux êtres vivants, et manquant aux "corps bruts". La mise au point d'une méthode de discrimination objective de ces caractères est donc à ses yeux l'une des tâches fondamentales de la biologie. Il souligne que cette méthode ne diffère pas de celles utilisées en physique et en chimie : "L'étude objective complète de la vie est possible par les méthodes des sciences ordinaires d'observation et d'expérimentation ; voilà à quelle affirmation doit se limiter l'énoncé du principe de continuité qui prétend que, entre la vie et la mort, la différence est du même ordre qu'entre un phénol et un sulfate, entre un corps électrisé et un corps neutre. En d'autres termes, tous les phénomènes que l'on étudie objectivement dans les êtres vivants peuvent être analysés par les méthodes de la physique et de la chimie. En d'autres termes encore, la vie n'échappe pas aux lois de la mécanique universelle" ("Eléments de philosophie biologique", 1907).

L'intérêt particulier de la démarche de Le Dantec est que le principe dit de continuité n'induit pas chez lui la confusion qui règne chez Spencer (voir plus loin) entre les différents niveaux d'étude qui vont de l'organique au sociologique, mais ménage l'idée que "les phénomènes naturels se groupent en séries parallèles" (Ibid.) qui restaure une distance analogique convenable entre des modèles d'organisation de différents niveaux. Nous verrons combien à la fois, l'intrication des différents plans chez Spencer, et le parallélisme que Le Dantec tend à maintenir entre ces mêmes plans, auront une forte incidence sur la manière de penser de Piaget.

Le Dantec conçoit la loi d'assimilation fonctionnelle sur la base du fait que la croissance est le caractère distinctif du vivant laquelle consiste, pour un organisme, à s'approprier des substances hétérogènes existant dans le milieu pour les transformer en sa propre substance vivante et adaptée à son fonctionnement. Son travail expérimental avec Pasteur sur la bactéridie charbonneuse lui fournit un modèle qui lui permet de récupérer le motif darwinien de la lutte pour la vie, par exemple entre la bactéridie et le mouton, dans un sens lamarckien : l'activation chez le mouton des mécanismes de résistance à la bactéridie, crée chez lui une habitude qui le rend apte, s'il est le plus fort, à sortir victorieux de cette lutte. La vie est une succession de fonctions, activée par la rencontre entre des états structuraux de l'organisme et les conditions extérieures influentes, qui le pousse au changement en direction de l'établissement d'un nouvel équilibre.

Le Dantec reprend à son compte la formule lamarckienne selon laquelle "la fonction crée l'organe". La vie, succession d'activités organiques, est une lutte qui a pour enjeu l'équilibre, celui-ci étant assuré par l'habitude acquise par l'organisme à travers la fabrication d'un organe adapté pour assurer sa survie : "la modification introduite dans un organisme par la répétition d'une opération donnée, ne serait pas analysable chimiquement ; elle est toute simple si l'on prend cette opération même pour réactif de la modification réalisée ; on y est devenu plus apte, on s'y est habitué ; vivre, c'est s'habituer" ("Théorie nouvelle de la vie", 1896). Ces mêmes idées Piaget les reprendra en 1918 dans "Recherche" : "Rappelons-nous que les manifestations d'une cellule vivante sont toutes réductibles à des mouvements et probablement, comme l'a génialement supposé Le Dantec, à des mouvements rythmiques" (1918b, p. 151) ; et encore plus loin "Il suffit donc de poser la vie pour poser l'équilibre entre qualités dont nous venons de parler et notre notion de genre paraît donc une vaine répétition, dans le langage de la qualité, de la biologie de Le Dantec" (Ibid., p. 157). Nous savons l'importance que cette notion d'équilibre aura dans toute l'œuvre de Piaget.

Le Dantec admet comme motif principal de variation l'adaptation directe de Lamarck, mais il reconnaît aussi comme important le rôle de la sélection "après coup" de Darwin. Par contre, il s'élève avec véhémence contre l'école néo-darwinienne de Weismann et cela aussi nous le retrouverons chez Piaget.

La Philosophie de la Nature

En Allemagne, les naturalistes combinent une vue progressiste de la nature, la pensée de la littérature romantique et la philosophie de la nature de Schelling (voir plus loin). A la fin du 18ème siècle, le courant romantique porte de grands idéaux humanitaires et politiques et prophétise un âge ouvert à une vérité nouvelle, mais dès les premières années du 19ème siècle s'amorce un mouvement réactionnaire aux tendances néo-germaniques, religieuses et patriotiques. Une nouvelle vision religieuse du destin humain prône alors, contre les églises, un retour à l'instinct religieux primitif ; cette religiosité s'accomplit en mysticisme s'inspirant dans le vieux fond occultiste européen. Néanmoins cette perspective romantique représente quand même une tentative pour surmonter la dualité chrétienne du créateur et de la créature, pour réintégrer la condition humaine dans l'ensemble du mouvement de la vie.

En dehors de toute personnification romantique, la nature peut être identifiée soit à un système de lois et de normes, soit aux phénomènes eux-mêmes. La philosophie de la nature est un courant qui résulte principalement de la rencontre et de la combinaison de la philosophie spéculative de Schelling et de la science naturelle pour laquelle nous trouvons en France principalement Etienne Geoffroy Saint-Hilaire.

La philosophie de Schelling (1775-1854) n'est pas un système, mais une suite de créations géniales et d'intuitions nouvelles, dont la dominante fondamentale est l'intuition romantique de la nature comme médiatrice entre l'homme et la divinité. Le développement de sa pensée passe par trois étapes : 1° la philosophie de l'identité où

Schelling, comme "crieur publique du moi", interprète l'identité du "moi" comme une identité absolue de l'esprit et du monde ; il ramène en somme l'identité qui caractérise toute prise de conscience de soi, à l'enthousiasme romantique. 2° la philosophie de l'esprit qui est une réflexion sur le droit, la morale et surtout sur l'art comme lieu de la révélation du divin dans les choses. 3° la philosophie de la religion et de la mythologie où le philosophe s'efforce de ressaisir le sens des mythes et des rites, les principes généraux de toute fabulation, bref d'expliciter le sens de l'imaginaire. Tels sont les trois moments de la "philosophie de la Nature". Toutefois, les thèmes développés dans son premier moment restent une constante de son œuvre : la participation de l'homme à l'absolu par l'intermédiaire du sentiment, le rationalisme dogmatique qui l'amène à expliquer tous les phénomènes de la conscience humaine.

Sa pensée combine l'idéalisme, le dualisme, le vitalisme, le romantisme, l'organicisme cosmique, la physique empirique et spéculative, le panthéisme et la téléologie (reprenez votre souffle !) ; c'est dans ce sens qu'elle sera, plus tard, partiellement récupérable pour les évolutionnistes.

Le point de départ de tout le système de Schelling est l'existence souvent hypothétique, dans la nature, de certaines forces, de certains êtres qui s'opposent et semblent se neutraliser par leur union.

Ainsi, les deux sexes des animaux et des plantes, isolément susceptibles de varier, déterminent par leur union la production de quelque chose de fixe, l'espèce, qui est une pure abstraction.

Schelling arrive donc à concevoir que cette opposition apparente ou réelle est la loi générale par excellence, et que c'est d'elle que tout dérive. De toutes les oppositions, la plus générale est celle du moi et du non-moi, de l'unité et de la pluralité, de l'esprit et du monde matériel ; elles sont les manifestations différentes d'un principe universel que Schelling appelle l'"absolu". Dans leur course l'un vers l'autre, ces deux éléments subissent des arrêts qui constituent toutes les apparences du monde, tous les êtres. Les êtres n'étant que les arrêts successifs d'une même activité, les plus élevés doivent traverser, dans leur évolution, les formes auxquelles s'arrêtent les plus simples (Haeckel, voir plus loin) ; leurs organes doivent naître de ceux des êtres inférieurs (Von Baer, voir plus loin) ; ce qui justifie les doctrines de la récapitulation et de l'épigenèse. Les êtres inorganiques et les êtres organisés n'étant tous que des manifestations d'une même activité, tous sont également vivants. L'univers tout entier n'est qu'un immense organisme, dont l'esprit est l'être absolu, c'est-à-dire Dieu, qui serait le néant si le monde n'existait pas. Mais par ailleurs, le discours de Schelling sur les objets biologiques adhère encore fortement à un modèle du développement embryologique qui, projeté sur l'ensemble du monde vivant, suggère une image de transformation qui s'accorde à celle de la "métamorphose" compatible avec le fixisme et la théorie de l'échelle des êtres, n'impliquant pas forcément une phylogénie véritable. Ainsi, à côté de la rêverie romantique, la philosophie de Schelling est le creuset où se raccordent toutes les tentatives de modélisations des naturalistes, de la récapitulation aux "arrêts de développements" de Geoffroy Saint-Hilaire.

Ce dernier propose une "théorie des analogues" s'appuyant sur le principe des "connexions" qui postule l'unité de système dans la composition et l'arrangement des parties organiques. L'annexion de Geoffroy Saint-Hilaire par les évolutionnistes assure la circulation des idées de la philosophie de la nature même si certains, comme Haeckel, émettent quelques réserves. La caractéristique commune des membres de ce courant est de tenter de concevoir les phénomènes à partir d'un nombre plus ou moins grand d'observations empiriques, nécessairement partielles, concernant des régularités et des relations de ressemblances (analogie, homologie, etc.) dans la nature, au travers de lois générales et de principes abstraits dont on postule l'aptitude à être vérifiés par toute nouvelle observation. La volonté d'explication des naturalistes, bien que cultivant la discipline du "fait", les poussera à avoir recours à des constructions aprioriques et à des idées "métaphysiques" pour interpréter des groupes de faits biologiques suivant une certaine cohérence.

La "philosophie zoologique" de Geoffroy, comme celle de Lamarck, fait des hypothèses qui exercent en retour un effet sur l'observation. Elle transcende la zoologie comme science d'observation orientée vers la taxonomie et la description en lui ouvrant inductivement un accès à une théorie explicative des ressemblances révélée par l'examen comparatif des structures anatomiques, puis en utilisant cette théorie comme méthode d'investigation systématique des ressemblances probables, mais non immédiatement accessibles à l'observation. Une ressemblance est alors induite ou déduite de la loi avant d'être observée.

La théorie de l'"unité de plan de composition organique" de Geoffroy
est donc une idée philosophique qui, à partir de l'observation des
ressemblances entre organismes, aboutit à l'hypothèse d'un
"transformationnisme". Ce dernier donnerait en quelque sorte la clé
de l'échelle des êtres en appliquant le modèle du développement
embryonnaire à l'appréhension des relations qui unissent les
différents groupes du règne animal, lequel est conçu dans son entier
comme composé d'une série de formes organiques élaborées
d'après un schéma unique, dont le seul degré de développement
institue des différences entre les groupes. Nous retrouvons la même
idée dans la "loi biogénétique" de Haeckel. A noter que le concept de
"transformationnisme" n'équivaut pas à celui de "transformisme", qui
implique l'idée d'une dérivation interspécifique réglée soit par un
processus adaptatif combinant l'influence du milieu et l'action
conservatrice de l'hérédité (Lamarck), soit par un processus sélectif
fondé sur la rétention et la transmission de variations avantageuses
(Darwin), soit entre les deux par le tertium de Piaget, dont le système
au début de son élaboration dans "Recherche" conçoit que
"l'équilibre idéal, c'est l'organisation de Lamarck, dont il a si bien
défini la "composition croissante" et la "gradation régulière", c'est
l'Unité de type d'Etienne Geoffroy Saint Hilaire" (1918b, p.159).

<h1 style="text-align:center">L'évolution de la conception des naturalistes</h1>

Créationnisme dogmatique (stabilité)	Observation/Comparaison privilège des différences	Description/Classification Privilège de la séparation des classes diversité des plans structuraux	Méthode statique, analytique scolastique: clôture taxonomique et descriptive
Transformati-onnisme (variabilité)	Observation/Comparaison privilège des ressemblances	Description/Classification privilège de la réunion des classes unité de plan structural	Méthode dynamique synthétique, naturelle: ouverture "philosophique"
	(effet en retour)	(HYPOTHESE) PHILOSOPHIE	(principes)

L'évolution de la conception des naturalistes montre le passage d'une conception créationniste de la taxonomie où le "plan" est celui du créateur inatteignable à une conception transformationniste où le naturaliste fait des hypothèses pour tenter de résoudre les relations entre les organismes avec l'objectif d'arriver à un plan global des "connexions".

Haeckel et la Théorie de la Récapitulation

La récapitulation est un des concepts les plus influents dérivés de la philosophie de la nature, laquelle est un des premiers mouvements populaires à caractère scientifique qui incorpore les idées nouvelles des courants développementaux leur permettant ainsi de se répandre partout.

En France, comme nous venons de le voir, Geoffroy Saint Hilaire conçoit une théorie selon laquelle tous les organismes sont construits à partir d'un même plan structural, reprenant ainsi l'idée d'une chaîne du vivant et la croyance en la récapitulation.

En Allemagne, le naturaliste Ernst Haeckel (1834-1919) est un actif propagandiste du transformisme, ancienne appellation des théories de l'évolution. Il place à égalité Goethe, Lamarck et Darwin auxquels il dédie conjointement ses deux volumes de la "Morphologie générale des organismes" (1866), et sa vision de l'évolution est une curieuse mixture des trois dans les mêmes proportions. Il doit à Lamarck son intense croyance à l'hérédité des caractères acquis à laquelle Darwin adhère aussi, même s'il préfère expliquer l'origine de la plupart des variations autrement. Pour Haeckel toutes les variations utiles sont acquises activement par les parents durant leur vie et transmises par hérédité à leurs descendants ; ensuite la sélection naturelle accumule et combine ces variations pour produire de nouvelles espèces. Il postule la "loi de biogénétique fondamentale" selon laquelle l'ontogenèse de tout être vivant serait une brève récapitulation de la "phylogenèse", terme qu'il invente pour désigner l'histoire de la formation d'une espèce. L'ontogenèse retrace alors la série des formes revêtues par les ascendants adultes de cette espèce.

Haeckel est d'abord un zoologiste marin et c'est avec un souci de classification qu'il aborde le transformisme. Sa perspective est descriptive et statique en ce sens qu'il recherche l'identification de formes, sans intérêt véritable pour les processus qui permettent la "transmutation". Haeckel s'intéresse de cette façon aux découvertes en embryologie qui lui permettent des inférences concernant les ancêtres à partir des étapes embryologiques des descendants pour reconstruire l'arbre taxonomique.

Sur ces bases, il construit sa doctrine selon laquelle l'ontogenèse récapitule la phylogenèse. Cette perspective requiert alors un changement dans la chronologie des événements développementaux qui est, à proprement parler, le mécanisme de récapitulation. Pour lui, le changement se fait toujours dans une seule direction : une accélération universelle du développement qui pousse les formes adultes des ancêtres dans les étapes juvéniles des descendants. La relation entre l'ontogenèse et la phylogenèse ne pouvant être niée, les changements dus à l'évolution sont nécessairement exprimés dans l'ontogenèse. L'information phylogénétique apparaît forcément dans le développement de l'individu et les changements qui apparaissent dans la chronologie du développement sont produits par l'action directe de la phylogenèse sur l'ontogenèse.

Haeckel est ainsi amené à postuler que les étapes de l'embryon humain reprennent les étapes de l'évolution des espèces. Comme la vie fœtale est une période aquatique, il lui semble alors que le fœtus prend la forme d'un poisson ancestral adulte, puis celle d'un saurien, etc. Ensuite, il voit la période postnatale et ses réflexes archaïques comme récapitulant la phase du primate. Dans ce sens, l'enfance jusqu'à 7-8 ans est la préhistoire de l'homme comme la préhistoire est l'enfance de l'humanité.

En tentant confusément de réduire l'étude du vivant à des lois de physique et de chimie, Haeckel pose les conditions de la recherche des lois de l'ontogenèse qui la montrerait, selon lui, comme le résultat mécanique de la phylogenèse.

Cette hypothèse de la récapitulation a un mérite : elle propose une théorie du développement individuel en le considérant comme guidé par l'histoire poly-génétique ; cependant, elle est loin de faire l'unanimité chez les naturalistes contemporains de Haeckel qui le jugent peu rigoureux, plus intéressé par les hypothèses hardies que par la justesse des observations. La loi de Haeckel est néanmoins populaire, nous la retrouvons ici ou là généralisée, étendue par exemple au développement de l'esprit humain.

L'embryologiste Russe Von Baer (1792-1876) critique Haeckel et la récapitulation. Selon lui, l'ontogenèse n'est pas le reflet d'un changement dans la chronologie du développement, pas plus qu'elle ne reprend les stades adultes d'ancêtres dans l'embryogenèse de leurs descendants. Il postule plutôt des étapes communes à l'ontogenèse précoce de tous les vertébrés. Ainsi le poisson, étant un vertébré primitif, reste à la première forme tout au long de sa vie. Il pense que la confusion vient du fait malheureux que les naturalistes préfèrent la description et la classification aux processus explicatifs. La perspective dynamique dans laquelle il envisage, quant à lui, le transformisme est en accord avec sa théorie principale qui postule une différenciation croissante de l'homogénéité à l'hétérogénéité. L'évolution procédant en modifiant les dernières étapes mène ainsi à une spécialisation. Autrement dit, tous les organismes vivants se développent à partir d'une même base puis, par "arrêts du développement", l'évolution donne toutes les formes en commençant par les plus primitives (poissons, sauriens, etc.) qui correspondent aux premiers arrêts. Pour intégrer la parenté de structure que font apparaître l'aile de l'oiseau, la nageoire de la baleine et la main l'homme, il propose plus tard une conception comprenant différentes chronologies dans le développement des différents organes.

Ainsi alors que Haeckel conçoit la récapitulation comme le passage de l'embryon par tous les stades adultes des espèces inférieures, Von Baer par sa loi de différentiation croissante conçoit que tous les organismes vivants passent par les mêmes étapes embryologiques, les espèces supérieures passant par davantage d'étapes vont plus loin dans la spécialisation.

Paradoxalement, ce qui restera plus tard sous le nom de la théorie de la récapitulation prend son nom chez Haeckel et son contenu essentiellement chez Von Baer. Nous avons là un bon exemple de condensation historique au sens de Freud ! (et dans cette remarque même, de parallélisme phylo-, onto-genèse !)

Cette confusion, nous la retrouvons chez Piaget, qui fut initié à la paléontologie durant les heures de gloire de la théorie de la récapitulation, lorsqu'il étudie le développement des concepts chez les enfants comme un parallèle du développement de l'histoire des sciences. Tout en refusant à la théorie de la récapitulation au sens de Haeckel la possibilité d'être le mécanisme qui gère le parallélisme entre l'ontogenèse et la phylogenèse, il croit que l'étude des enfants est le seul accès par lequel il pourra répondre à une question théorique beaucoup plus intéressante mais sans réponse directe possible : comment s'est faite la genèse des connaissances au sein de l'humanité ?

Ainsi quand Gould demande à Piaget ce qu'il pense de la loi biogénétique, celui-ci répond qu'il a très peu travaillé en psychologie sur les rapports entre l'ontogenèse et la phylogenèse parce que psychologiquement l'enfant explique l'adulte davantage que l'inverse (lettre du 22 février 1972, In : Gould, 1977, p.146).

Si Piaget réfute la loi de récapitulation de Haeckel, c'est parce que là où ce dernier pense la phylogenèse comme cause directe de l'ontogenèse, Piaget n'y voit qu'un parallélisme du fait que ce sont les mêmes contraintes extérieures qui s'exercent sur la phylogenèse et sur l'ontogenèse. Ces deux séquences suivent des voies similaires sous l'influence d'une contrainte commune, la structure même de la pensée humaine, elle-même soumise à la maturation organique. Par ailleurs, il assimile, avec des concepts propres à rendre l'épigenèse, le développement mental à une embryogenèse organique se déroulant suivant une série non modifiable d'étapes, chacune de ces étapes étant nécessaire et intégrée à la suivante.
Nous voyons ici combien les concepts et les raisonnements des différentes théories de l'histoire des sciences ont été utiles à Piaget pour concevoir le développement de la pensée chez l'enfant.

Comme on l'a vu précédemment, dès le siècle des Lumières on voit apparaître ici ou là des idées transformistes qui jettent le doute sur la permanence des espèces. Néanmoins, au début du 19ème siècle, la théologie naturelle domine toujours la scène intellectuelle en projetant sa vision d'un monde ordonné où toute forme vivante s'insère parfaitement dans son milieu parce qu'elle a été spécialement créée. L'archidiacre Paley n'affirme-t-il pas en 1802 que les organismes sont parfaitement conçus pour remplir le rôle qui leur est assigné par Dieu ?

La Théorie de Darwin

Charles Darwin (1809-1882), comme plus tard Jean Piaget, porte dès sa plus tendre enfance un grand intérêt à la nature. Il ne ferme ses livres d'histoire naturelle que pour pêcher, chasser et collectionner des insectes. A cette époque, il lit la "Zoonomie" de son grand-père paternel Erasmus Darwin (1731-1802) qui, avant Lamarck, présente des idées transformistes similaires, et même qui ébauche une conception proche de la sélection naturelle quand il écrit : "La cause finale de cette lutte entre mâles semble être que l'animal le plus fort et le plus actif devrait propager l'espèce, qui serait ainsi améliorée". A ce propos, dans son "Autobiographie", Darwin relate une discussion qu'il eut plus tard, pendant sa vie d'étudiant avec un universitaire, qui "laissa éclater sa grande admiration pour Lamarck et ses vues sur l'évolution. Je l'écoutai dans un silence étonné et, autant que j'en puisse juger, sans que cela eût de l'effet sur mon esprit. J'avais déjà lu la "Zoonomie" de mon grand-père, laquelle soutient des vues semblables, mais je n'étais pas convaincu". L'amateur naturaliste a déjà une capacité d'observation scientifique fort développée qui lui permettra d'obtenir des espèces rares qui seront citées dans la littérature spécialisée, et de faire à 17 ans deux communications à la Société plinienne concernant de petites découvertes en zoologie. Rebuté par les études de médecine auxquelles son père le destine, il entre au Christ's college de Cambridge dans l'intention de devenir pasteur. A cette époque en Angleterre, la plupart des naturalistes sont des ecclésiastiques, et parmi eux le révérend John Henslow, professeur de botanique, se prend d'amitié pour lui et le recommande en 1831, peu après l'obtention de son baccalauréat, au capitaine du Beagle. Ainsi à 22 ans, il s'embarque pour une expédition autour du monde. Il emmène avec lui le premier volume des "Principes de géologie" de Lyell, géologue partisan des "causes actuelles", selon lequel des causes en action au présent ont dû jouer également dans le passé du globe terrestre. Son "Journal de voyage" révèle la métamorphose s'opérant chez lui qui passe d'un point de vue fixiste à une conception transformiste surtout grâce aux observations sur la vie des territoires nouveaux qui s'offre à lui. La principale mission du Beagle est de cartographier le littoral sud-américain, aussi Darwin peut observer les adaptations des organismes qui peuplent des milieux aussi divers que la jungle brésilienne, la pampa argentine, les étendues désolées de la Terre de Feu, près de l'Antarctique, et les sommets vertigineux des Andes. Et il constate qu'au-delà de leurs adaptations particulières, les espèces végétales et animales des différentes régions du continent présentent toutes un caractère nettement sud-américain et qu'elles se distinguent clairement des espèces européennes, mais surtout que celles qui vivent dans les régions tempérées de l'Amérique du Sud sont plus proches, du point de vue taxonomique, des espèces des régions tropicales de ce continent que des espèces des régions tempérées d'Europe. La singularité de la distribution géographique des espèces intrigue Darwin.

Par ailleurs, en 1832 il trouve près de Montevideo des fossiles de grands tatous ayant une grande ressemblance avec l'espèce contemporaine de plus petite taille. Suivant l'optique fixiste de Cuvier, ces tatous fossiles auraient été éliminés par une des brusques catastrophes enregistrées dans le passé à la surface de la Terre, et dans cette hypothèse les tatous actuels seraient une autre création divine venue plus tard d'un autre endroit. Pour le cas observé, la théorie de Lyell concernant la continuité géologique semble plus plausible à Darwin, mais alors cela l'amène à supposer parallèlement une continuité biologique, c'est-à-dire une filiation transformiste des tatous fossiles aux tatous actuels.

C'est l'archipel des Galapagos en 1835 qui lui apporte la réponse, car il est pour Darwin un véritable laboratoire grandeur nature où il peut observer quasiment sous ses yeux la transformation des espèces. La faune et la flore des Galapagos constituent en effet un cas particulièrement déroutant de distribution géographique. La plupart des espèces de l'archipel ne se trouve nulle part ailleurs dans le monde, bien qu'elles présentent des ressemblances avec des espèces du continent sud-américain distant d'environ 900 km. L'hypothèse qui semble alors la plus satisfaisante à Darwin est que des végétaux et des animaux venus du continent ont colonisé les îles sur lesquelles leurs descendances se sont ensuite diversifiées. Plus tard il écrira : "Cet archipel avec ses innombrables cratères et ses ruisseaux de lave dénudée, paraît être d'origine récente ; et je me figurais presque assister à l'acte même de la création. Je me suis souvent demandé comment ont été produits ces animaux et ces plantes si particulières ; la réponse la plus simple me paraissait être que les habitants des diverses îles étaient provenus les uns des autres, en subissant dans le cours de leur descendance quelques modifications ; et que tous les habitants de l'archipel devaient provenir naturellement de la terre la plus voisine, de colons fournis par l'Amérique. Mais ce fut pour moi un problème longtemps inexplicable de savoir comment les modifications nécessaires avaient pu s'effectuer" (Darwin, 1868, p.10). Ainsi Darwin constate, par exemple, que les Galapagos, aussi nommé l'archipel des Tortues, recèle de grandes tortues dont les espèces varient avec la distribution géographique. Certaines sont propres à une île tandis que d'autres se retrouvent sur des îles rapprochées. Pour expliquer l'existence de ces multiples espèces, il a deux alternatives : soit la création d'une espèce différente pour chaque île, soit leur apparition par transformation naturelle à partir d'une souche unique. Darwin opte pour la dernière et quand, rentré en Angleterre, après avoir reconsidéré toutes les observations qu'il avait faites au cours de son voyage, il entreprend en 1837 la rédaction de son premier carnet (juillet 37-février 38), il présente des vues transformistes en parlant de la classification taxonomique : "Peut-être l'arbre de la vie devrait-il être appelé le corail de la vie, base des branches mortes, de telle façon que les passages ne peuvent être aperçus".

Darwin comprend peu à peu que l'origine de nouvelles espèces et l'adaptation constituent des processus étroitement liés. Une nouvelle espèce émerge d'une forme ancestrale par suite de l'accumulation graduelle d'adaptations à un milieu différent. Ainsi quand une espèce vient à être fragmentée en plusieurs populations par des barrières géographiques qui les isolent dans des milieux différents, chaque population s'adapte aux conditions locales et se modifie peu à peu. Après de nombreuses générations, les populations sont devenues assez dissemblables pour constituer des espèces distinctes. Darwin cherche le mécanisme susceptible d'expliquer de telles adaptations, car il a conscience que l'enjeu n'est rien de moins que la compréhension de l'histoire de la vie.

En outre, dès cette époque, il pense que "la différence de l'intelligence entre l'homme et les animaux n'est pas aussi grande que celle qui existe entre les choses vivantes sans pensée (plantes) et les choses vivantes ayant la pensée (animaux)". Aussi perçoit-il l'unité du monde vivant : "Si nous prenons le parti de laisser aller cette hypothèse jusqu'au bout, alors tous les animaux, nos frères et compagnons pour ce qui est de la maladie, de la mort, de la souffrance et de la famine, nos esclaves dans nos plus grands labeurs, les compagnons de nos amusements, peuvent participer à notre origine en un ancêtre commun. Ainsi nous serions tous fondus ensemble". Dans un même ordre d'idée, par analogie avec la sélection artificielle, Darwin conçoit la sélection naturelle.

Chaque espèce présentant une certaine "variabilité", l'éleveur a, a priori, une préférence pour certaines caractéristiques morphologiques, physiologiques ou psychologiques. La sélection artificielle est alors le procédé qui consiste à croiser les individus possédant les caractères qu'il désire perpétuer. Pour une population donnée, la volonté de l'homme joue alors le même rôle que les facteurs du milieu lors d'un changement d'environnement qui favorisent certaines variations héréditaires et en défavorisent d'autres. Et "les variations notoirement utiles ou agréables à l'homme, n'apparaissant qu'occasionnellement, la chance d'en voir surgir sera d'autant plus grande, que le nombre des individus produits sera plus considérable" (1859). L'inégalité du succès reproductif fait alors en sorte que les caractères favorables (à l'animal puisqu'ils lui permettent de se reproduire et favorisés par l'éleveur) se répandent davantage que les caractères défavorables dans la génération suivante. La science génétique n'existant pas encore,

Darwin parle de variations définies, indéfinies ou corrélatives et s'il admet que "certaines variations utiles à l'homme ont probablement pu surgir subitement ou par degrés" (Ibid.), c'est surtout par l'accumulation de changements ténus qu'il conçoit la diversification à partir d'une même souche aboutissant à la multitude des races actuelles. Même s'il donne des exemples de variations qui ont "surgi de manière subite", Darwin n'emploie pas le concept moderne de mutation, car pour lui la nature ne fait pas de saut. Si la sélection artificielle peut engendrer autant de changements au fil des générations en un laps de temps relativement court, il ne doute pas que la sélection naturelle, opérant dans divers contextes et sur de très longues périodes, peut produire des modifications considérables sur des milliers de génération, et expliquer l'entière diversité du vivant. Darwin admet aussi l'existence des variations héréditaires provoquées par l'usage et le non-usage d'un organe reconnaissant ainsi l'hérédité de l'acquis (thèse de Lamarck). Dans une lettre de 1876, à la fin de sa vie, il écrira même : "La plus grande erreur que j'ai commise, c'est de n'avoir pas suffisamment tenu compte de l'action directe du milieu, c'est-à-dire de l'alimentation, du climat, etc., indépendamment de l'action de la sélection naturelle", et il formulera même une hypothèse corpusculaire -la pangenèse- pour expliquer l'hérédité de l'acquis. Mais si l'homme est le facteur actif, conscient ou inconscient, de la sélection artificielle, reste à déterminer les causes aboutissant au mécanisme de la sélection naturelle.

La vision de l'économiste Malthus (1766-1834) d'une tendance à la surpopulation dans le monde vivant, viendra alors à point nommé. Plus tard, dans son "Autobiographie" il écrit : "J'eus l'occasion, en octobre 1838, de lire pour le plaisir, "Sur la population", de Malthus.

Étant déjà préparé à tenir compte de la lutte pour la vie, qui existe partout, par une observation longue et assidue des habitudes des animaux et des plantes, je fus aussitôt convaincu que dans de telles circonstances, les variations favorables tendraient à se perpétuer et les variations défavorables à disparaître. Il en résulterait la formation d'espèces nouvelles".

La thèse socio-économique de Malthus, objet d'une grande controverse par le passé comme de nos jours, traite de la surpopulation et de la "tendance constante qui se manifeste chez tous les êtres vivants à accroître leur espèce plus que ne comporte la quantité de nourriture qui est à leur disposition" avec comme conséquence que "le défaut de place et de nourriture fait périr dans ces deux règnes ce qui naît au-delà des limites assignées à chaque espèce. De plus, les animaux sont réciproquement la proie les uns des autres" (cf. " Essai sur la population", 1798). L'auteur fait l'hypothèse que la population humaine croissant plus rapidement que les ressources, le déséquilibre ainsi créé entraîne inéluctablement les souffrances que sont la maladie, la famine, la misère, la guerre.

Dans ses carnets M et N, écrits en 1838 et 1839, qui serviront de base à son long essai de 1844 sur l'origine des espèces et la sélection naturelle, de nombreux passages montrent que Darwin craint d'afficher une position "hérétique", non pas en exposant une conception transformationniste qui est discutée partout même si elle est généralement refusée, mais en prônant un matérialisme philosophique qui postule que la matière est la substance de toute existence, les phénomènes psychologiques et spirituels n'étant que des sous-produits. Ainsi, puisque l'esprit humain n'a pas d'existence en dehors du cerveau, Dieu ne peut-être autre chose qu'une illusion : "Amour de la divinité, fruit de l'organisation ; quel matérialiste ! (...) Pourquoi le fait que la pensée soit une sécrétion du cerveau est-il plus extraordinaire que le fait que la pesanteur soit une propriété de la matière ? C'est notre orgueil, l'admiration que nous éprouvons pour nous-mêmes". Encore plus loin, il écrit : "Pour éviter de dire jusqu'à quel point je crois au matérialisme, je dois me contenter de dire que les émotions, les instincts, les degrés de talent, qui sont héréditaires, le sont parce que le cerveau de l'enfant ressemble à celui des parents". En fait, comme Freud un demi siècle plus tard, Darwin est un révolutionnaire bien tranquille. Non seulement il retarde la parution de son œuvre, mais il évite aussi d'exposer publiquement les implications philosophiques de sa théorie pour ne pas compromettre carrière et mariage. Ainsi même si dès le début des années 1840 Darwin a formulé les principaux points de sa théorie de la "descendance modifiée" au moyen de la sélection naturelle, il se contente, conscient de l'importance de ses idées, d'écrire en 1844 une "Esquisse de la théorie des espèces" qu'il demande à sa femme de publier s'il venait à mourir subitement. Il ne publiera "L'origine des espèces" qu'en 1859, encore poussé par une question de priorité scientifique qui l'oppose à Alfred Russel Wallace (1823-1913) qui de son côté est arrivé aux mêmes conclusions. Même à cette date, le matérialisme reste plus scandaleux que la transformation aussi ne se permet-il qu'un commentaire obscur : "La lumière sera faite sur l'origine de l'homme et son histoire". Il faudra attendre "La descendance de l'homme" (1871) et "L'expression des émotions chez l'homme et les animaux" (1872) pour qu'il ose enfin publier ses convictions. En 1880, il écrit à Edward Aveling, le gendre de Karl Marx : "Il me semble (à tort ou à raison) que les attaques directes contre le christianisme et le théisme n'ont pratiquement pas d'effet sur le public et que l'enrichissement de l'esprit humain qui suit le progrès de la science fera davantage pour la liberté de penser. C'est pourquoi j'ai toujours évité de parler de religion et me suis cantonné à la science" (cf. La Recherche, No 77, avril 1977, p.394). Néanmoins le contenu de son œuvre choque tellement le fondement irrationnel, les croyances profondes sous-jacentes à la pensée occidentale traditionnelle qu'aujourd'hui encore la controverse reste virulente à son propos.

Le Darwinisme Social

Dix ans avant la parution de "L'origine des espèces", le philosophe anglais Herbert Spencer (1820-1903) critique lui-même un de ses ouvrages en des termes qui prouvent qu'il est bien l'initiateur du darwinisme social qui se répand en Europe après 1860 : "En défendant quelques-unes de ses thèses, M. Spencer énonce des théories qui horrifieront beaucoup de gens au cœur sensible. Lorsqu'il décrit parmi les animaux la façon dont les agents de destruction, continuellement "les débarrassent du malingre, du mal bâti, du moins rapide et du moins puissant", et lorsqu'il dit que par ceci et des procédés analogues "toute viciation de la race par la reproduction de ses types inférieurs est empêchée". M. Spencer va jusqu'à avancer que l'humanité est et devrait être soumise à cette "même discipline profitable quoique sévère" ; et il prétend que lorsqu'un gouvernement essaye d'empêcher la misère résultant de la compétition et la "lutte pour la vie et la mort", il crée en réalité beaucoup plus de misère en protégeant les incapables ; (...) De même il prétend que "l'incommodité, la souffrance et la mort sont les châtiments attachés par la nature à l'ignorance, autant qu'à l'incompétence, et dès lors l'Etat fait mal quand il détourne ces châtiments" (cf. " Autobiographie", 1904, p. 165-166). Dans le même ouvrage Spencer dit combien il a été impressionné par la théorie embryogénique de Von Baer : "Je lisais la formule de Von Baer exprimant le cours du développement à travers lequel passe chaque plante et animal - le passage de l'homogénéité vers l'hétérogénéité (…) - Cette phrase de Von Baer exprimant la loi du développement individuel, attira mon attention sur le fait que la loi qui gère les étapes de chaque organisme est aussi la loi qui gère les degrés de l'ascension (de l'arbre phylogénétique) de tous les organismes" (p. 445).

Spencer affirme ainsi que la méconnaissance de la biologie entraîne certains philanthropes vers une politique d'assistance sociale aux plus démunis, alors que celle-ci contrevient aux lois élémentaires de la nature qui exigent au contraire l'élimination des inaptes. Ce dernier est convaincu que toutes les formes de compétition entre les individus sont la condition même du progrès social et doivent, par conséquent, être libres de tout contrôle et même encouragées. Spencer pense que la théorie de Darwin vient renforcer cette conviction, et il va d'ailleurs en diffuser, en matière de sociologie, une lecture qui l'arrange. Cette lecture est ce qu'on nomme le darwinisme social.

La théorie biologique de Spencer reconnaît à la fois l'adaptation fonctionnelle des organismes, et la sélection naturelle qu'il place en second plan. En cela, il est néo-lamarckien, comme... Darwin. Mais l'idée de progrès est absente des préoccupations darwiniennes, de même que toute ambition d'appliquer sa théorie à des phénomènes sociaux.

Les premiers écrits importants de Spencer traitent de sujets sociaux et politiques. Son ouvrage le plus connu, "Premiers principes", reprend tous les éléments "disciplinaires" qui sont le noyau de son "système de philosophie synthétique", resserré autour de la "loi d'évolution". Ils constituent le résultat d'une démarche inductive qui part des différentes régions des sciences empiriques (physique, biologie, psychologie, sociologie, politique) pour produire le principe, la "loi d'évolution" elle-même, qui va déterminer la reconstruction déductive de tout l'édifice région par région. Spencer commence cette reconstruction déductive par les "principes de biologie" et l'achève par les "principes de sociologie", fin du système au double sens du terme, la biologie servant à fournir les modèles organicistes qui seront successivement testés et mis en œuvre par Spencer dans sa sociologie. Ce qu'il faut retenir ici, c'est que si tout commence par la sociologie et la politique, tout finit également par la sociologie et la politique, ce qui permet de discerner les enjeux réels du système. Comme la "philosophie synthétique" repose sur la "loi d'évolution", le système spencérien est aussi appelé "évolutionnisme".

Le darwinisme social et la conviction de l'hérédité des caractères acquis constituent, plus que la théorie biologique darwinienne, les deux éléments fondamentaux de l'évolutionnisme du 19ème siècle. Ils véhiculent la certitude que de l'animal à l'homme la différence est négligeable, que l'étude de l'un éclaire la connaissance de l'autre, que les mécanismes qui affectent l'existence de l'animal, les mécanismes "naturels", affectent également l'existence, sociale tant qu'individuelle, de l'autre. L'homme peut ainsi être comparé à un animal, c'est un animal comme les autres. Métaphore lourde de conséquences bien sûr pour tout discours sur l'homme. Pour qu'une psychologie positiviste basée sur l'observation objective puisse se constituer comme science, il est, pour Spencer, en effet nécessaire aussi que l'on puisse porter sur l'homme le même regard que sur l'animal.

Le transformisme a été prodigieusement promu dans l'actualité de l'époque par le "système synthétique de philosophie" de Spencer (dont nous avons vu que l'élément inspirateur, les lois du développement de Von Baer, est embryologique), et par la "loi d'évolution" qui en forme le noyau, occupant toute la scène idéologique de l'Angleterre industrielle et libérale, où éclot simultanément la théorie darwinienne. Une telle coïncidence ne peut manquer de produire une fusion du vocabulaire, la recherche de ponts entre les deux théories, et, presque inévitablement, des concessions au niveau de la formulation des concepts (par exemple, l'acceptation tactique par Darwin de l'expression spencérienne de "survie du plus apte" à la place de celle de "sélection naturelle"), ainsi que des confusions conceptuelles et, plus largement idéologiques, auxquelles on doit d'avoir reçu sans critique pendant plus d'un siècle une version gravement inexacte du darwinisme, en particulier sur ses versants anthropologique, sociologique et éthique.

Le "système de philosophie synthétique" de Spencer peut se résumer ainsi : tout phénomène obéit à des lois "naturelles", et au 19ème siècle, devant la nécessité de comprendre les événements qui ont bouleversé la fin du siècle précédent, cette conviction va être appliquée aux phénomènes sociaux.

La popularité de Spencer aux Etats-Unis est l'un des facteurs importants de son succès. Au moment des changements sociaux qui suivent la guerre civile, l'œuvre de ce philosophe semble conforter la confiance dans le progrès. L'Amérique de l'époque est comme une caricature de cette lutte pour la vie que prône le darwinisme social. Il justifie par exemple que la "race supérieure européenne" en décime une autre, les Indiens. Le darwinisme social recevra, dans les prochaines décennies, de nombreuses applications pratiques. Spencer n'a-t-il pas écrit qu'" il n y a pas de plus grande malédiction pour la postérité que le fait de lui léguer une population toujours plus croissante d'imbéciles, de paresseux et de criminels" et a ouvert ainsi la voie à des programmes d'"élimination des rebuts" et des horreurs qui y sont attachées.

L'un des instigateurs à côté de Malthus de cette politique est Francis Galton (cousin de Darwin) qui propose, en 1883, la théorie de l'" eugénisme", consistant à appliquer à l'espèce humaine la théorie de la sélection pour l'"amélioration de la race" à partir de bases biologiques. Prenant comme point de départ la sélection artificielle, elle préconise de recourir à l'élimination des individus présentant des caractéristiques défavorables, et, à l'inverse de favoriser la reproduction des géniteurs porteurs de caractéristiques avantageuses. La biologie est alors appelée à résoudre les problèmes sociaux, rôle qu'elle n'a d'ailleurs pas fini de jouer aujourd'hui. Les pratiques eugénistes ont pris différents visages au 20ème siècle du programme systématique d'élimination de la "race juive" aux banques de sperme de prix Nobel, et au 21ème siècle, où sous couvert de sauver la planète d'une surpopulation supposée, un génocide est actuellement organisé par une "élite" fortunée.

L'énorme confusion tout au long des 19ème, 20ème et 21ème siècles entre "science" et "idéologie" à propos de la théorie darwinienne s'explique par le fait que dès sa première émergence publique, l'évolutionnisme en a parasité l'interprétation. L'explication historique et conceptuelle de cette confusion dominante en occident, repose principalement sur l'incapacité des spécialistes à opposer le darwinisme à ses différents dévoiements sociologiques, habités qu'ils sont par l'idée de la responsabilité intrinsèque de Darwin dans la naissance de ses idéologies, ou par celle de sa contamination par celles-ci. Or sur ce point, "La descendance de l'homme" est formelle. La sélection naturelle, dans l'état de civilisation, n'est plus le facteur dominant du progrès, et a laissé place dans ce rôle à l'éducation, dont la tâche et l'effet sont au contraire de construire des valeurs positives spécifiquement sociales. Pour cela Darwin postule un "effet réversif" de l'évolution amenant au renversement des conduites sélectives qui s'appliquaient encore aux stades précédant l'émergence de ladite "civilisation", laquelle ne se définit, précisément, que par l'hégémonie tendancielle de tels effets de renversement. Piaget montrera dans un parallèle ontogénétique comment c'est l'éducation, tempérant d'abord la compétition par la contrainte, qui mène à la décentration et par la suite à la coopération. Ce développement d'un sens moral autonome est pour Piaget la clé de la socialisation.

Ainsi les références à Galton ou à Malthus, exploitées au niveau illustratif et documentaire, voire au niveau d'une théorie du devenir pré-culturel de l'humanité, sont discutées et expressément rejetées par Darwin lorsqu'il s'agit de décrire, de juger ou de prescrire les voies actuelles de la civilisation : "Si importante que la lutte pour l'existence ait été et soit encore, d'autres influences plus importantes sont intervenues en ce qui concerne la partie la plus élevée de la nature humaine. Les qualités morales progressent en effet directement ou indirectement, bien plus par les effets de l'habitude, par le raisonnement, par l'instruction, par la religion, etc., que par l'action de la sélection naturelle, bien qu'on puisse avec certitude attribuer à l'action de cette dernière les instincts sociaux, qui sont la base du développement du sens moral" (1871). L'"homme bien doué" est le produit même de l'effet réversif, envisagé comme remplacement tendanciel de l'égoïsme sélectif par l'élévation morale du civilisé.

Ainsi Darwin écrit encore : "La sélection naturelle semble n'exercer qu'une influence bien secondaire sur les nations civilisées, en tant qu'il ne s'agit que de la production d'un niveau de moralité plus élevé et d'un nombre plus considérable d'hommes bien doués ; nous lui devons, toutefois, l'acquisition originelle des instincts sociaux" (Ibid.). En effet Darwin conçoit l'effet réversif comme figure dialectique de l'émergence d'une éthique communautaire de type assimilatif ; l'assistance aux faibles et aux déshérités, pensée comme un devoir ancré dans l'évolution des instincts sociaux, est étrangère au spencérisme qui, à travers sa référence permanente à un modèle biologique étroit, celui de la "survivance des plus aptes", demeure strictement éliminatoire. De plus l'aptitude se mesure sur l'échelle socio-économique pour Spencer qui poursuit avant tout une justification sociopolitique. De même chez Malthus qui conseillait aux pauvres le suicide procréatif ! Nous ne pouvons alors qu'opposer une théorie sociologique qui réclame la nécessité de l'élimination (Spencer) à une anthropologie qui définit l'élimination de l'élimination comme la tendance évolutive de la civilisation, et qui l'approuve comme l'expression de "la partie la plus noble de notre nature".

L'expression "darwinisme social" est inventée autour de 1879 par Emile Gautier, publiciste et anarchiste français, puis largement reprise par les auteurs qui combattent au tournant du siècle les conceptions qui s'y rattachent. En particulier celles qui concernent les notions de lutte pour la vie et de sélection à l'évolution des sociétés qui sont l'objet d'un débat important en France jusqu'en 1910. L'expression sert à dénoncer l'utilisation de la doctrine darwinienne comme fondement du libéralisme aristocratique chez Haeckel qui base sa hiérarchie des races sur la théorie de la récapitulation, et du militarisme nationaliste chez Oscar Schmidt. Ainsi, Émile Alglave, directeur de "La Revue scientifique" et éditeur de la "Bibliothèque scientifique internationale" écrit en 1880 : "Mais aujourd'hui le champ de bataille se déplace. En même temps que les méthodes physiologiques s'emparent de la psychologie, la doctrine de l'évolution cherche à compléter sa victoire en conquérant les sciences sociales, l'histoire, la morale et même les hautes régions où trône la métaphysique. La "philosophie synthétique" d'Herbert Spencer en Angleterre et le monisme en Allemagne sont l'expression principale de ce mouvement qui remplira sans doute les dernières années de notre siècle ".

Le darwinisme social constitue ainsi l'idéologie justificatrice dominante des pratiques capitalistes sauvages de la grande expansion industrielle : libéralisme compétitif intégral, négation du rôle réformateur de l'état et dévalorisation de la charité "sentimentale" trouvent dans le darwinisme un fondement naturaliste et une rhétorique scientiste que les expressions de "survie du plus apte" et de "lutte pour l'existence" surtout popularisées par Spencer rendent immédiatement compréhensibles. Ce qu'un auteur résume très bien par la phrase suivante : "L'évolutionnisme est vraiment une doctrine philosophique parée des plumes de la science, mais c'est authentiquement une philosophie, et Spencer, non Darwin, en est l'auteur" (Tort, 1992). Ainsi Clémenceau explique la guerre civile américaine comme une forme de "struggle for life" et d'autres politiciens associent la théorie darwinienne aux conflits entre nations. Dans ce contexte, la défaite militaire est également interprétée en Allemagne comme la victoire normale des plus forts dans la lutte pour la suprématie européenne. Les luttes pour la suprématie économique d'intérêts particuliers sont habillées des atours de l'évolution civilisationnelle pour être vendues au peuple qui meurt pour l'industrie en pensant servir la patrie.

Face à cette vision cruelle de la nature humaine, des personnes humanistes et progressistes se sont révoltées et nous voyons apparaître un courant prônant que le progrès de la civilisation s'appuie davantage sur la coopération que sur la compétition. Dès 1880, Alfred Fouillée affirme que le darwinisme peut inspirer une philosophie sociale articulée autour de la solidarité, de la coopération plutôt que la lutte pour la vie. Grâce à lui se fait jour la conviction que, dans l'évolution humaine, la lutte pour la vie est progressivement dominée et remplacée par "la coopération pour la vie" comme facteur central du développement. Nul doute que la lecture de Fouillée laissera des traces chez Piaget qui peuvent expliquer l'étude qu'il fera dans la première période dite "sociale" de son œuvre, montrant que le développement de l'enfant l'amène de l'égocentrisme initial à la coopération avec ses pairs.

Une alliance objective s'opère alors entre les penseurs catholiques et les intellectuels laïcs éclairés pour commencer à refuser l'explication de l'histoire sociale par les concepts darwiniens réorientés. L'idéologie républicaine réagit en parvenant à détourner l'image positive de Darwin et surtout de Spencer vers une défense du lien social, contre l'exaltation de la lutte des classes et contre l'arrogance allemande, la civilisation évoluant vers toujours plus de solidarité interne pour mieux faire face aux menaces extérieures.

Cependant, une fois la République assurée de son pouvoir, les développements de la biologie creusant le fossé entre néo-darwinisme et néo-lamarckisme, les catholiques ayant commencé de transiger avec la théorie darwinienne, une partie de la droite nationaliste, conservatrice, ou antidémocrate reprend la thématique libérale inégalitaire du darwinisme social et l'intègre à l'arsenal d'une conception élitiste, hiérarchisée de la société. Cette offensive qui démarre avec le boulangisme et l'affaire Dreyfus conduit la culture "officielle" républicaine à exposer une hostilité ouverte au darwinisme social comme dévoiement du darwinisme authentique, hostilité que nous retrouvons chez le sociologue Durkheim dont la pensée accompagnera longtemps Piaget.

Il faut faire remarquer ici que le darwinisme social charrie avec lui toutes les idées de l'anthropologie criminelle de Lombroso qui associe les caractéristiques anatomiques des criminels à la réapparition de caractères typiques d'ancêtres sauvages de l'espèce humaine, voire d'organismes inférieurs, comme le permet la théorie de la récapitulation. Dans cette même veine, il promeut le racisme en considérant comme inférieures toutes les "races" autres que blanche européenne. Ainsi on voit des scientifiques comparer la capacité intellectuelle des noirs adultes à celle d'enfants blancs ; sur le même modèle ils hiérarchisent l'enfant, la femme et le vieillard comme inférieurs à l'homme adulte pris comme unique référence. La théorie darwinienne est alors prise comme une justification scientifique s'appuyant sur des observations d'anatomie comparée ou d'embryologie.

Dans ce dernier domaine, pour qui veut affirmer l'inégalité innée des "races", peu d'arguments biologiques ont plus de poids que la récapitulation de Haeckel qui affirme que les enfants de "races supérieures" passent par le stade adulte de "races inférieures", mais vont plus loin dans le développement. Si les adultes des "races inférieures" sont comme des enfants blancs, alors on peut les traiter comme tels, les discipliner, les diriger et au mieux les éduquer. L'argument scientifique qui considère le primitif comme un enfant est un argument raciste fourni par la science pour justifier l'esclavage et l'impérialisme. En ce qui concerne l'intelligence, nous voyons également que les récapitulationnistes s'appuient davantage sur les productions intellectuelles que sur les critères physiologistes pour justifier une soi-disant supériorité blanche.

Le Darwinisme en France

En France, "L'origine des espèces" est, à quelques exceptions près, mal accueilli. Le sentiment d'une exceptionalité française en matière d'introduction du darwinisme se manifeste très tôt, et d'abord chez Darwin lui-même. Ainsi il écrit dans une lettre à Quatrefages de 1869 : "Il est curieux de voir combien la nationalité agit sur les opinions ; il se passe rarement une semaine sans que j'entende parler de quelque naturaliste en Allemagne qui soutient mes idées, et qui souvent attache une valeur exagérée à mes ouvrages ; tandis qu'en France je n'ai pas entendu parler d'un seul zoologiste, à l'exception de M. Gaudry (encore ne le fait-il que partiellement) qui défende mes idées". Une bonne illustration de cet accueil défavorable du darwinisme peut être trouvée dans les tribulations de la candidature de Darwin à l'académie des Sciences de Paris, qui présentée en 1870 par Milne-Edwards et Quatrefages à la section de zoologie, est repoussée à plusieurs reprises jusqu'en 1872, car sa théorie est considérée comme un "conte de fée" d'"amateur". Et ce n'est finalement qu'en 1878, et à la section de botanique, que Darwin est reçu, malgré sa théorie sur l'origine des espèces, comme le stipule Duchartre, le rapporteur de la candidature : " (…) l'Académie voit que, même en se tenant sur le pied d'une réserve complète relativement à certaines théories de M. Ch. Darwin qui ont amené, on peut le dire, une véritable révolution dans la science moderne (…)".

De même E. Gley, retraçant l'histoire de la Société de Biologie lors de son jubilé en 1900, tente d'expliquer l'opposition des physiologistes et des anatomistes au principe du transformisme, et en particulier au darwinisme, qui a sévi en France : "Toujours est-il que le transformisme n'a jamais été l'objet à la Société d'un examen direct, pas plus que d'une discussion, au contraire de ce qui se passait partout ailleurs (...) On peut plutôt se demander si ceux qui auraient été à même de discuter la question n'étaient pas détournés de le faire à la Société par les tendances tout expérimentales et très positives qui y dominaient. Nous aurions ainsi en quelque sorte payé la rançon de l'esprit qui a présidé à notre fondation. C'est qu'en effet le positivisme, à commencer par son chef, a été très hostile au transformisme" (Gley, 1900, p. 562).

Dans une éloge posthume au jeune philosophe évolutionniste Léon Dumont, Joseph Delboeuf, l'inventeur d'une loi de diffusion des variations utilisée par les néo-lamarckiens français, parle de la théorie de Darwin comme d'un "immortel chef-d'œuvre" qui "fut immédiatement adoptée en Angleterre, en Allemagne, en Suisse. Partout en Europe elle excita parmi les savants le plus grand enthousiasme (...) Un seul pays cependant fit exception, le pays qui avait vu naître l'un des plus profonds défenseurs du transformisme, l'illustre Lamarck, à l'oeuvre duquel les darwinistes, comme d'un commun accord, rattachaient le nouveau système" (cf. la revue scientifique, 2 juin 1877, p.1149-1150). Delboeuf rapporte le retard philosophique de la France au poids de l'Eglise catholique attachée au fixisme de la théologie naturelle, dernière mouture du credo créationniste. Tout comme le naturaliste amateur Bourbon Del Monte qui, la même année, publie une défense enthousiasme du transformisme dans laquelle il oppose "d'un côté il y a Darwin, Lyell, Huxley, Wallace, Tyndall, Haeckel, Büchner, Hellwald, Virchow, de l'autre il n'y a que des savants arriérés, des métaphysiciens et des théologiens (...) Aujourd'hui en Angleterre et en Allemagne surtout, la doctrine opposée a cessé pour ainsi dire d'exister" (cf. "L'homme et les animaux ", p.20).

C'est Haeckel, le premier, qui porte le débat sur la scène politique en en faisant un terrain de compétition nationaliste. Il utilise très tôt la résistance à la révolution transformiste des français comme une preuve de leur infériorité intellectuelle, et de là pour les situer dans sa hiérarchie des races basée sur la théorie de la récapitulation : "Le rameau germanique (du groupe aryen) a dépassé les autres rameaux dans la concurrence du développement civilisateur. En tête sont les Anglais et les Allemands, qui, présentement, en reconnaissant et en promouvant la théorie de la descendance, posent le fondement pour une nouvelle période d'évolution supérieure. La disposition à recevoir la théorie de la descendance et la philosophie unitaire qui y a sa base, constitue la meilleure mesure pour apprécier les degrés de supériorité spirituelle parmi les hommes" ("Natürliche Schöpfungsgeschichte", 1868, p.123, cité par E. Littré, "La science au point de vue philosophique", 4ème Éd., 1876, p.558). On voit comment ce texte mêle très tôt l'affirmation de l'évolution et la lutte qui oppose des "races" rassemblées en nations plutôt que des individus dans la lutte pour la survie. Haeckel installe ainsi une représentation compétitive "darwinienne" du développement de la civilisation sur la base de la réception du transformisme, c'est-à-dire surtout sur l'acceptation de la théorie de la sélection naturelle, comme critère de meilleure adaptabilité d'une nation. Le darwinisme comme modèle explicatif de l'évolution des espèces dont l'homme fait partie, est pris comme cadre également pour justifier l'état politico-historique du monde suivant l'idée que les dominants triomphent parce qu'ils sont les plus aptes. On voit ici comment la théorie de la sélection naturelle tombe à point pour justifier les idéologies nationalistes qui se font jour au travers de la rivalité économique internationale, et combien l'acceptation de cette explication ouvre la voie à une nouvelle philosophie moniste de l'histoire qui fera le lit des tragédies à venir.

En fait, en France, le lamarckisme vaincu à l'époque par le fixisme de Cuvier revient, sous des formes différentes, par la brèche qu'ouvre le darwinisme dans la citadelle fixiste. Ainsi Laurent Goulven soutient que "de Lamarck à Darwin, les savants français n'avaient fait que discuter pour se situer par rapport au transformisme et à son auteur, en se convainquant progressivement que le grand naturaliste avait raison" ; il montre ainsi "la progression lente, mais inexorable, de la problématique lamarckienne dans les Sciences de la Nature" (Goulven, 1987, p.1). La variante néo-lamarckiste de l'évolutionnisme devient alors dominante incluant, paradoxalement pour notre regard contemporain, une bonne part de la théorie de Darwin puisqu'il admet aussi dans son livre princeps, à côté de l'action de la sélection naturelle, l'existence des variations héréditaires provoquées par l'usage et le non-usage d'un organe et reconnaît ainsi l'hérédité de l'acquis, pierre angulaire de la thèse de Lamarck.

Dans la confusion des différentes théories de l'évolution, certains naturalistes français peuvent avoir l'illusion de devenir darwiniens en développant des conceptions transformistes, tandis que d'autres refusent longtemps le darwinisme, à la fois comme théorie de la sélection naturelle et comme entreprise de validation du fait de l'évolution suivant une idéologie compétitive. On voit une intrication des différents courants évolutionnistes jusque dans l'utilisation des termes, puisqu'en France, "transformisme", "théorie de l'évolution" ou "doctrine de la descendance" s'imposent comme équivalents. En outre, chez les protagonistes eux-mêmes, il n'y a pas de séparation nette entre, d'une part le darwinisme comme théorie causale (étiologie) de l'évolution et, d'autre part, le transformisme comme affirmation d'une descendance commune à toutes les formes vivantes, que Darwin a repris chez Lamarck. Même au sein de la communauté naturaliste anglo-saxonne, des auteurs considérés partout comme d'authentiques darwiniens, défendent en réalité leur propre version du darwinisme. Ainsi Lyell amalgame Darwin et Lamarck (comme Haeckel) tout en refusant l'origine animale des facultés humaines, Huxley nie longtemps l'existence d'une progression des classes animales (comme Lyell) et défend les mutations brusques contre l'évolution graduelle continue, ou encore Wallace affirme d'abord que la sélection naturelle suffit à expliquer toute la diversité évolutive puisque l'esprit humain échappe à son empire.

Durant la Première Guerre Mondiale, Haeckel est encore vivant et soutient fortement son pays, aussi la théorie de la sélection naturelle sur laquelle il s'appuie pour justifier la supériorité germanique, ne peut pour les savants français qu'être frappée d'anathème.

Après la redécouverte des lois de Mendel en 1900, peut-être nulle part comme en France on ne connaît une persistance prédominante du néo-lamarckisme tardif, et même très tardif puisqu'il se maintiendra jusqu'à la fin de la Deuxième Guerre Mondiale en 1945.

En conclusion, pour comprendre la réalité de la réception du darwinisme en France, il faut tenir compte du poids de facteurs extra-scientifiques sur les débats théoriques de cette fin du 19ème siècle, c'est-à-dire des stratégies de carrière, du système de pouvoir et de certification, de la hiérarchie des différentes institutions, des idéologies politico-religieuses, du contexte politique national et international, et enfin d'intérêts financiers particuliers qui orientent les idées en finançant leurs auteurs et la promotion de leur thèse. En particulier, en ce qui concerne les conceptions associées, les idées philosophiques, religieuses ou sociales, que le darwinisme paraît justifier aux yeux de ses contemporains. L'acceptation de la révolution évolutionniste est d'abord une histoire d'hommes, et la conception nouvelle doit s'imposer à différents niveaux de légitimation : celui du concept, c'est-à-dire des systèmes de rationalité qui structurent l'activité savante et pilote ses projets de recherches; celui des acteurs-experts, véhicules et agents du concept, mais motivés eux-mêmes par des intérêts personnels, des idéologies politiques ou des représentations religieuses et culturelles; celui des institutions de recherche et d'enseignement qui prennent en charge l'organisation et la diffusion de la conception scientifique tout en reflétant aussi les tendances variées et les tensions internes; celui du champ culturel global qui autorise certains types de discours et en exclut d'autres. Dans le cas de la réception française de la théorie darwinienne, ces différents niveaux sont étroitement intriqués et leur importance varie au cours du temps.

Pour une comparaison avec les pays de niveaux scientifiques équivalents et dans lesquels les sciences naturelles bénéficient d'un prestige intellectuel similaire, on peut examiner le cas de la Suisse, pays qui possède ses propres traditions scientifiques, à la fois originales et en partie dépendantes de Paris, en ce qui concerne l'édition de langue française. C'est à Genève qu'on a le mieux reçu, commenté et compris, "L'origine des espèces", grâce à Edouard Claparède (l'oncle de l'homonyme qui fonda l'institut Rousseau), Alphonse de Candolle et François-Jules Pictet, trois éminents naturalistes suisses, respectés à l'étranger. Les deux derniers partent d'une position anti-lamarckienne et se rallient finalement au transformisme nouveau grâce à Darwin.

D'autres pays non-francophones jouent le rôle de vecteur de la réception du darwinisme. Ainsi, l'Allemagne, où Darwin fût introduit dès 1860 grâce à la traduction de H. G. Bronn dont la conception vitaliste de l'évolution (un pouvoir formateur intérieur au vivant) contribue paradoxalement à provoquer l'intérêt pour la théorie darwinienne. Ce pays est capable de diffuser, d'une part les reconstitutions phylogénétiques de Haeckel réhabilitant largement l'œuvre de Lamarck, ce qui provoque un large débat sur les implications idéologico-politiques du darwinisme lors de la réunion annuelle des naturalistes et médecins de 1877 qui eut un grand écho en France; d'autre part les études sur les recherches biologiques spécialisées, suscitées par le darwinisme, comme sur l'isolement géographique avec Wagner auquel se référera Piaget plus tard, ou la transmission héréditaire des variations avec Weismann.

Par ailleurs, c'est aux Etats-Unis et non en France qu'apparaît le néo-lamarckisme aux alentours de 1866 (le terme lui-même date de 1885) et qu'il est systématisé par Cope.

PIAGET, BRÈVE BIOGRAPHIE

Jean Piaget est issu d'une famille installée vers le milieu du dix-septième siècle à la Côte-aux-Fées, petit village du jura neuchâtelois. Son grand-père quitte l'état de Neuchâtel à la suite de la tentative de contre-révolution royaliste manquée de 1856 pour s'installer à Yverdon, dans le canton de Vaud. Cet exil familial sera bref, puisque son père, Arthur Piaget, né en 1865, obtient la chaire de langue et de littérature romane en 1895, à l'Académie de Neuchâtel. Auparavant, il a obtenu son baccalauréat ès lettres en 1884 à Lausanne, où il se lie d'amitié avec le futur parrain de Jean, l'écrivain Samuel Cornut. Arthur Piaget suit des cours à Paris à l'École Pratique des hautes études et au Collège de France où il est l'élève de Gaston Paris, partisan de la vulgarisation scientifique et opposé à tout romantisme dont le principe est : "la Science n'a d'autre objet que la vérité, quelques-en-fussent les conséquences". Ayant présenté en 1888 une thèse de langue et littérature médiévale à Genève, Arthur Piaget donne un cours sur la langue et la littérature romane du quatorzième et du quinzième siècle à l'école pratique des hautes études de Paris, de 1891 à 1894. A Neuchâtel, le 25 octobre 1895, sa leçon inaugurale démontre la non-authenticité de la chronique des Chanoines, document sur lequel les neuchâtelois fondent l'attachement de leur principauté à la Confédération Suisse, et donne lieu à une polémique, mais sa rigueur scientifique et son franc parlé lui font également obtenir en 1899 le poste de directeur des Archives de l'État. Au titre d'historien du canton de Neuchâtel, il publie beaucoup et chamboule quelque peu les mythes locaux, ce qui lui vaut la réputation de philologue original et la reconnaissance de ses paires comme en atteste sa nomination en 1909 de premier recteur de l'université de

Neuchâtel (qui résulte de la transformation de la deuxième Académie). Durant son séjour à Paris (de 1885 à 1894) il fait la connaissance de Rébecca Jackson, dont la famille originaire d'Angleterre, haute bourgeoisie protestante, est installée dans cette ville, qu'il épouse en 1895. Femme de cœur et énergique, ayant suivi des études d'institutrice et s'appuyant sur sa foi évangélique et ses croyances en des valeurs humanistes, Rébecca milite pour le suffrage féminin, pour le parti socialiste à la commission scolaire de la ville de Neuchâtel ou encore pour le respect des droits des prisonniers lors de la première Guerre Mondiale. Ceci lui vaudra une plainte en diffamation en 1915 de la part du comité de la Croix Rouge allemande auprès du tribunal de police, puis une plainte fédérale, comme en attestent des coupures de journaux de l'époque déposées aux Archives de l'État.

Ainsi, Jean Piaget naît à Neuchâtel le 9 août 1896 dans une famille bourgeoise et progressiste. Il est l'aîné de trois enfants, ses deux sœurs Madeleine et Marthe étant nées en 1899 et en 1902, éduqués dans un milieu de culture libérale et de foi protestante. Il fait brillamment toute sa scolarité : en 1907 il est inscrit au Collège Latin où il reçoit une solide éducation classique, puis en 1912 au Gymnase littéraire où il obtient un baccalauréat es-lettres. Enfin, en 1915, il entre à l'université où il obtient une licence en sciences naturelles en été 1918, toujours avec d'excellentes notes, malgré de longues périodes de convalescence à Leysin. En février 1919 il obtient un titre de docteur en Science suite à une thèse en zoologie présentée par simple demande écrite et jamais soutenue mais ayant néanmoins obtenu la note maximale alors même qu'il n'est plus inscrit comme étudiant. Il faut dire que, poussé par une curiosité naturelle, encore stimulé par son entourage, et autorisé par une scolarité sans problème, le jeune Piaget s'engage très tôt dans des activités parascolaires (Club des Amis de la Nature fondé en 1893 par Pierre Bovet et Jeunesse Chrétienne) et se passionne bien vite pour les sciences naturelles. Il est aidé dans ses premiers pas par Paul Godet, professeur et conservateur du musée d'histoire naturelle attenant au Collège Latin, sommité en malacologie, qui sur la demande de Jean en 1907 l'accepte comme "assistant" et l'initie à l'art de la classification taxonomique des mollusques. Ce professeur attentif et bienveillant a une grande influence sur sa formation scientifique et sa reconnaissance comme spécialiste en malacologie. A la mort de Godet en 1911, Otto Fuhrmann, le nouveau directeur du musée, laisse ainsi Piaget s'occuper du département de malacologie et c'est le même, qui en tant que professeur de zoologie à l'université est son directeur de thèse, œuvre mineure en regard de l'ensemble de ses publications de jeunesse.

Mais Piaget à cette époque à d'autres préoccupations, car dès l'hiver 1918 il est inscrit en psychologie à l'université de Zurich où il suit une formation de psychologie expérimentale et en particulier où il se forme aux méthodes statistiques. Ses intérêts le portent aussi brièvement à la psychanalyse puisqu'il suit les conférences de C. Jung et de Bleuler. Recommandé à Théodore Simon, il part ensuite à Paris en 1919 où il travaille au laboratoire d'Alfred Binet à la standardisation de tests d'intelligence avec des enfants. Piaget rédige, autour de son expérience parisienne, trois articles dont l'un est particulièrement remarqué par Édouard Claparède. Ce dernier, fondateur de l'institut Jean-Jacques Rousseau, lui propose de venir à ses côtés comme chef des travaux au laboratoire de psychologie expérimentale.

Installé à Genève à partir de 1921, Jean Piaget y effectue l'essentiel de sa carrière universitaire, se consacrant pleinement à l'étude de la pensée enfantine. A partir de 1929, Piaget enseigne l'histoire de la pensée scientifique à la faculté des sciences de l'université de Genève, où il occupera aussi une charge d'enseignement de psychologie expérimentale et la Chaire de sociologie de 1939 à 1952. En 1929 toujours, il est également nommé président du Bureau International de l'Éducation, institut privé fondé en 1925 (avant d'être rattaché à l'UNESCO en 1969), où il restera presque 40 ans. Sa carrière à Genève est entrecoupée de séjours, à Neuchâtel où il enseigne la philosophie, l'histoire des sciences, la psychologie et la sociologie de 1925 à 1929, à Lausanne où il enseigne la psychologie expérimentale et la sociologie en 1936, et plus tard à Paris où il donne un cours au Collège De France. Enfin, en 1952, il remplace à la Sorbonne Maurice Merleau Ponty à la chaire de philosophie. En 1955 Piaget fonde à Genève, grâce à l'appui de la Fondation Rockefeller, le Centre International d'Épistémologie Génétique, qui lui tient particulièrement à cœur. A travers un parcours scientifique de 25 ans jusqu'en 1980, ce laboratoire original et pluridisciplinaire, dans lequel Piaget a à ses côtés de nombreux collaborateurs de grand talent, donne lieu à énormément de publications.

La production intellectuelle de Piaget s'étend sur 70 ans et a une diffusion et un retentissement considérable puisqu'il est traduit dans un grand nombre de langues et qu'il fait référence pour de nombreuses universités de part le monde. Au cours de sa carrière, il reçoit énormément de récompenses dont le prix Erasme en 1972, le prix Balzan en 1980, et trente titres de Docteur Honoris Causa !

L'œuvre de Piaget, diverse et abondante, s'enracine pourtant toujours d'une même question : comment la connaissance est-elle possible ? Le fondement épistémologique de la réflexion de Piaget est à englober dans une perspective métaphysique. En effet, la métaphysique est définie comme une recherche rationnelle ayant pour objet la connaissance de l'être absolu, des causes de l'univers (l'évolution, Lamarck...) et des principes premiers de la connaissance. Elle étudie la nature de la matière, de l'esprit, les problèmes de la connaissance, de la vérité et de la liberté. C'est également une réflexion systématique se proposant, après une analyse critique, de dégager les bases de toute activité humaine.

Durant toute sa vie, et jusqu'à sa mort en 1981, Piaget n'a jamais cessé de continuer ses recherches en zoologie et en botanique. Pour lui, le cœur de la solution, en psychologie comme en épistémologie génétique, repose sur la notion d'organisation biologique et de ses lois. C'est pourquoi il a toujours insisté sur la continuité fonctionnelle du biologique au psychologique.

PIAGET, DES SCIENCES NATURELLES A LA BIOLOGIE EN PASSANT PAR L'ÉPISTÉMOLOGIE GÉNÉTIQUE

La Découverte du Débat d'Idées Concernant l'Origine des Espèces

En 1871, dans un article concernant les "Anodontes du canton de Neuchâtel" (cf. Bull. soc. neuch. sc. nat., t.9, 1870-1873, p. 145-151), Godet se trouve plus directement confronté au problème de l'évolution en rapport avec des questions soulevées par son activité taxonomique. La théorie de l'évolution des formes vivantes lui semble justifier sa décision de "réunir en une seule espèce un grand nombre des espèces distinguées par les auteurs", puisque le passage de l'une à l'autre se fait au travers d'infimes différences. Cela démontre par ailleurs l'apparition continuelle de nouvelles variétés qui, malgré qu'elle entraîne des difficultés dans leur activité de classification, peut "consoler les naturalistes auxquels leur position ne permet d'embrasser qu'un champ restreint, puisqu'en l'explorant ils peuvent penser qu'ils travaillent à la solution d'un des plus grands problèmes que la science puisse poser, la question de l'origine des espèces" (Godet, Ibid.). Un dernier article important de Godet dans le Rameau de Sapin (1874 -1875) cherche à guider les jeunes naturalistes justement vers ce problème des espèces et de leur origine. Leurs collections peuvent contribuer à résoudre le problème du statut de l'espèce : l'espèce existe-t-elle (réalisme) ou n'est-elle qu'un moyen commode de classification (nominalisme) ? Les êtres vivants proviennent-ils tous d'un unique organisme ? Les caractères d'une espèce varient-ils selon les conditions géographiques ? Telles sont les interrogations qui viennent à l'esprit des naturalistes du 19ème siècle. Ces questions, Piaget les rencontrera à son tour et elles le travailleront davantage en fonction de sa situation personnelle contextualisée qu'il nous faut maintenant exposer pour mieux comprendre la transformation intellectuelle qui fut la sienne.

L'Activité en Zoologie et en Malacologie

A l'image de son père Arthur Piaget qui travaille l'écriture d'un premier volume de "son histoire de la Révolution Neuchâteloise" (publié en 1909) Piaget, prend très tôt l'habitude et le goût de l'écriture. Ainsi il nous dit dans son autobiographie qu'entre 7 et 10 ans il s'est intéressé successivement à la mécanique, aux oiseaux, aux fossiles et aux coquillages marins, et qu'avant même d'envoyer ce qui allait devenir sa première publication (texte sur le moineau albinos) il composa un "livre" intitulé "Nos oiseaux" que son père jugea ironiquement n'être qu'une compilation. Enfant, cette remarque le toucha certainement puisqu'il en garde le souvenir toute sa vie.

En juillet 1907, peu avant ses onze ans, Jean envoie aux Rameau de Sapin, bulletin du Club Jurassien destiné à développer l'intérêt pour l'étude de la nature chez les jeunes gens, les lignes suivantes :

"A la fin du mois de juin dernier, je vis, à mon plus grand étonnement, au milieu du Faubourg de l'Hôpital à Neuchâtel, un moineau ayant tous les signes apparents d'un albinos. Il avait le bec blanchâtre, plusieurs plumes du dos et des ailes blanches, et la queue de la même couleur. Je m'approchais, pour le voir de plus près, mais il s'envola ; je pus le suivre des yeux encore quelques minutes, puis il disparut par la Ruelle du Port. Je viens de voir aujourd'hui même dans le Rameau de Sapin de 1868 qu'il était question d'oiseaux albinos, ce qui m'a donné l'idée d'écrire les quelques lignes qui précèdent".

Ces quelques lignes nous révèlent chez ce jeune garçon un vif intérêt pour l'observation de la nature au quotidien.

Année scolaire	Domaines étudiés en sciences naturelles
1907-1908	*En été* : Entretiens sur les plantes les plus importantes du pays. Description sommaire des principaux organes de la plante. Confection d'herbiers. Excursions *En hiver* : Entretiens sur quelques types principaux des vertébrés. Mammifères, oiseaux
1908-1909	*En été* : Entretiens sur quelques chapitres de botanique élémentaire (suite). Quelques indications sur les cryptogames. Confection d'herbiers. Excursions *En hiver* : Entretiens sur quelques chapitres de zoologie : reptiles, batraciens, poissons, insectes, mollusques, vers
1909-1910	*En été* : Botanique générale. Classification *En hiver* : Zoologie élémentaire. Classification : les invertébrés
1910-191	Eléments de physique (propriété des corps, acoustique, optique, électricité)
1911-1912	Eléments de physique (propriété des corps, acoustique, optique, électricité)

(1996a, p. 54)

Outre ses intérêts personnels, l'accent mis sur les sciences naturelles au Collège latin sur une initiative de son directeur James Paris, renforce l'engouement du jeune Piaget. Ainsi, un rapport sur l'année scolaire 1907-1908 signale que la classe de cinquième de Piaget apprécie vivement la botanique et la zoologie : "quelques-uns se font même remarquer par leur zèle et par leur application". Il est permis d'imaginer que Piaget est au nombre de ceux-ci. L'année suivante, un même rapport signale que "la classe de quatrième a été cette année la meilleure de tout le collège pour les mathématiques et l'histoire naturelle".

Toujours en 1907, Jean Piaget écrit au directeur du musée d'histoire naturelle, Paul Godet, afin d'obtenir l'autorisation d'étudier les collections d'oiseaux, de fossiles et de mollusques du musée. La réponse datée du 5 octobre 1907 est positive :

"Mon cher ami, je suis très disposé à vous accorder votre demande, mais j'aimerai à vous voir auparavant et à causer quelques instants avec vous. Je suis généralement dans mon cabinet de travail le jeudi et le samedi après-midi et c'est là que vous me trouveriez. Vous n'auriez qu'à venir heurter à ma porte (j'entends la deuxième porte, la porte intérieure) que vous connaissez sans doute ou vous adresser au concierge. Je vous présenterai à ce dernier qui vous servira de parent ou bien je vous en servirai moi-même" (Ducret, 1990, p.18).

Ainsi ce dernier accepte de servir de mentor à Jean Piaget et lui enseigne l'art de la classification taxonomique des mollusques. Grâce à Godet, l'enfant s'initie à la détermination des espèces et des variétés suivant une nomenclature rigoureuse en participant, sous la conduite de son maître, à l'étiquetage des collections de coquilles et cela deux fois deux heures par semaine. Pour le naturaliste qu'il est, connaître la nature c'est la classifier. Le but de cette connaissance est l'identification correcte des espèces et le moyen d'atteindre à cette identification est l'examen des caractères externes directement observables. C'est sous son influence que la nomenclature et l'étude morphologique des caractères des coquilles pour la détermination des espèces va prendre une telle importance pour le jeune Piaget. A son contact, Piaget s'imprègne aussi du climat théorique de l'époque en Suisse romande concernant l'évolution des espèces, qui correspond à un "syncrétisme darwino-lamarckien" (Ducret, 1984) sorte d'éclectisme peu élaboré, mais alors d'autant plus accessible à l'enfant.

L'Influence Déterminante de Godet, la Taxonomie des Mollusques

Paul Godet (1836-1911), fils d'un naturaliste ami d'Agassiz, est un ami de la famille Piaget. Il est aussi un ancien professeur du Collège latin puis du gymnase cantonal et un spécialiste reconnu en malacologie. Il fût nommé directeur du Musée d'Histoire Naturelle en 1894 ; à ce titre, il est en relation avec de grands malacologistes comme Kobelt et Clessin auxquels Piaget fait souvent référence dans ses premiers écrits zoologiques. Godet lui-même a peu écrit. En effet, on compte dans sa carrière au total une vingtaine d'articles généralement purement descriptifs concernant la taxonomie des mollusques. Néanmoins Paul Godet se pose deux questions plus théoriques : l'une en rapport avec la classification taxonomique concerne le statut théorique de l'espèce, l'autre en rapport avec l'esprit du temps concerne les théories de l'évolution.

Ce sont là deux questions que le jeune naturaliste ne peut pas ne pas rencontrer à son tour dans son parcours intellectuel, et comme son maître il perçoit d'abord la première en relation avec son activité de classification, avant d'être, bien plus que Godet, totalement absorbé par la seconde en raison du contexte historique.

Paul Godet exerce encore ses talents pédagogiques au sein du Club des Amis de la Nature fondé en 1893 par Pierre Bovet, qui regroupe des jeunes naturalistes amateurs, élèves du Collège latin ou du Gymnase. Piaget y adhère en 1910 et lors de son exposé de candidature intitulé "un mollusque spécial à notre lac", sont présents Pierre Bovet, Godet qui en fait la critique et Otto Fuhrmann, son futur directeur de thèse. Ce club se propose d'étudier la nature à travers une observation directe et suivant une activité "scientifique". Pour ce faire, à côté de sessions régulières, ils organisent des excursions ayant pour but des découvertes botaniques, paléontologiques et zoologiques.

Dans le Rameau de Sapin, la publication du club, Godet encourage les jeunes naturalistes à l'étude de faits concrets permettant la résolution des problèmes de classification posés, et cela suivant une méthode empirico-théorique couramment employée par les savants de Suisse romande dans leurs recherches. Ainsi Godet leur propose l'étude du mimétisme chez les mollusques en cherchant, à travers l'examen des faits constatés, à mettre en place le réseau des notions susceptible de les expliquer. Autrement dit, c'est dans la confrontation de la question avec les faits récoltés que l'on cherche à répondre à celle-là. Cette méthode contraste avec la méthode hypothético-déductive de la recherche contemporaine qui vise à formuler a priori une hypothèse théorique explicative avant de la confronter expérimentalement à l'épreuve des faits pour éventuellement l'infirmer. Cette dernière marque fortement Piaget dans l'élaboration de sa pensée méthodologique. Ces contacts extrascolaires contribueront certainement à la maturité scientifique de Piaget.

La Controverse Entre Piaget Et Roszkowski

Entre 1912 et 1914, Piaget prend part à une controverse portant sur la classification de certaines limnées, et plus précisément sur deux conceptions différentes de l'évolution et de l'espèce zoologique. En effet, Piaget se voit confronté à cette époque à la thèse d'un doctorant polonais de l'université de Lausanne, Waclaw Roszowski. Cette thèse, menée sous la direction du zoologiste Henri Blanc, porte sur les limnées de la faune profonde du Léman.

Avant d'entrer dans les détails, essayons de résumer ici ce qui sépare ces deux auteurs :

Après avoir remarqué que les caractères conchyliologiques ne sont pas suffisamment stables pour définir l'espèce, le projet de Roszkowski vise à définir les caractères immuables et héréditaires de l'anatomie interne des limnées. En cela il tient compte de la conception mutationniste qui apparaît dans la biologie moderne selon laquelle une espèce nouvelle résulte d'une variation soudaine et discontinue, la mutation.

De son côté, Piaget travaille à une classification basée sur la morphologie externe de la coquille et défend une conception gradualiste selon laquelle une variété géographiquement isolée pourrait, au fil du temps, devenir une "bonne espèce".

En fait ici on voit s'affronter deux conceptions du vivant, avec d'un côté le réalisme mutationniste introduit dans la science moderne par la redécouverte des lois de Mendel, et de l'autre le vitalisme qui voit dans toute forme de vie le développement graduel d'un élan créateur. Cette dernière position, qui est celle de Piaget, est dans son cas influencée par la philosophie et en particulier par Bergson (voir encadré).

Henri BERGSON (1859-1941)

Philosophe français, spiritualiste et vitaliste, professeur au Collège de France (1900-1914) Il incarne la réaction d'une philosophie du sujet, de l'intuition et du sentiment intérieur contre la tendance quantitative de la psychologie antérieure. Sa pensée de l'évolution, critique à l'égard de l'évolutionnisme spencérien, du mécanisme ordinaire aussi bien que du finalisme classique, repose sur la notion d'élan vital, principe et impulsion de vie et de changement portant l'être vers des réalisations de plus en plus élevées. Philosophe de la durée, on trouve la trace de son influence aussi bien dans la mémoire affective qui est à l'œuvre chez Marcel Proust que dans l'orthogenèse teilhardienne et l'idée du "point oméga".

"Le plus illustre promoteur d'un vitalisme métaphysique a été sans doute Bergson. On sait que grâce à un style séduisant, à une dialectique métaphorique dépourvue de logique mais non de poésie, cette philosophie a connu un immense succès. Elle semble tombée aujourd'hui dans un discrédit presque complet, alors que, dans ma jeunesse, on ne pouvait espérer réussir au bachot à moins d'avoir lu L'Évolution créatrice. Il faut donc rappeler que cette philosophie repose entièrement sur une certaine idée de la vie conçue comme un "élan", un "courant", radicalement distinct de la matière inanimée, mais luttant avec elle, la "traversant" pour l'obliger à s'organiser. Contrairement à presque tous les autres vitalismes ou animismes, celui de Bergson n'est pas finaliste. Il refuse d'enfermer la spontanéité essentielle de la vie dans une détermination quelconque. L'évolution, qui s'identifie à l'élan vital lui-même, ne peut donc avoir ni causes finales, ni causes efficientes. L'homme est le stade suprême auquel l'évolution soit parvenue, mais sans l'avoir cherché ou prévu. Il est plutôt la manifestation et la preuve de la totale liberté de l'élan créateur.

A cette conception une autre est associée, considérée comme fondamentale par Bergson : l'intelligence rationnelle est un instrument de connaissance spécialement adapté à la maîtrise de la matière inerte, mais totalement incapable d'appréhender les phénomènes de la vie. Seul l'instinct, consubstantiel à l'élan vital, peut en donner une intuition directe, globale. Tout discours analytique et rationnel sur la vie est donc dépourvu de sens, ou plutôt hors du sujet. Le haut développement de l'intelligence rationnelle, chez Homo sapiens, a entraîné un grave et regrettable appauvrissement de ses pouvoirs d'intuition, dont il nous faut aujourd'hui tenter de recouvrer les richesses.

Je n'essaierai pas de discuter (elle ne s'y prête pas d'ailleurs) cette philosophie. Enfermé dans la logique, et pauvre en intuitions globales, je m'en sens incapable. Pour autant je ne considère pas l'attitude de Bergson comme insignifiante, bien au contraire. La révolte, consciente ou pas, contre le rationnel, le respect accordé à l'Id aux dépens de l'Ego sont des marques de notre temps (sans parler de la spontanéité créatrice). Si Bergson avait employé une langue bien moins claire, un style plus "profond", on le relirait aujourd'hui.

La pensée de Bergson ne manque pas, bien entendu, d'obscurités ni de contradictions apparentes. Il semble qu'on puisse contester, par exemple, que le dualisme bergsonien soit essentiel : peut-être faut-il le considérer comme dérivé d'un monisme plus primitif ? (C. Blanchard, communication personnelle.) Il va de soi que je ne songe pas ici à analyser la pensée de Bergson dans ses ramifications, mais seulement dans ses implications les plus directes concernant la théorie des systèmes vivants" (Jacques Monod, 1970, Le hasard et la nécessité, Paris, Seuil, p. 44-45).

Bibliographie :
- Matière et mémoire, 1896
- Le rire, 1900
- L'évolution créatrice, 1907
- L'énergie spirituelle, 1919
- Durée et simultanéité, 1922
- Les deux sources de la morale et de la religion, 1932

- La pensée et le mouvant, 1934
- etc.

1911-1912 Première Étape de la Controverse

La controverse démarre avec une publication du jeune Piaget intitulée : "Les limnées des lacs de Neuchâtel, Bienne, Morat et des environs" (In "Journal de conchyliologie", Paris, 59. 1911, 4ème série, t. 13, p. 311-332 + 333-340). C'est le premier article important du jeune naturaliste, écrit sans son maître Godet, qui veut aller plus loin qu'une simple description. Il s'agit essentiellement d'une étude morphologique et biogéographique des limnées des régions mentionnées avec un petit paragraphe sur le mimétisme. Cependant, ces classifications sont accompagnées d'une argumentation dont le but est de justifier les choix taxonomiques de Piaget face à ceux différents des grands auteurs reconnus en malacologie. Devant la grande diversité des formes rencontrées, Piaget décide de réduire au maximum le nombre d'espèces selon une stratégie déjà utilisée par Godet pour les anodontes. Piaget propose, quand on observe entre deux types extrêmes l'existence de toutes les formes intermédiaires, de réduire les deux espèces supposées en une seule espèce : "un genre qui possède les mêmes caractères de variabilité, le genre Anodonta, a fait l'objet d'études de deux malacologistes allemands, Messieurs Clessin et Büchner ; ils sont arrivées tous les deux à la même conclusion, c'est que toutes nos formes n'appartiennent à une seule et unique espèce (appelée par Clessin mutabilis et par Büchner cygnea), présentant un grand nombre de variétés, sous-variétés et formes accidentelles. Ce système a ceci d'avantageux, c'est qu'il est certainement plus facile de répartir les intermédiaires entre deux variétés qu'entre deux espèces, parce que le maniement des variétés est plus souple que celui des espèces et qu'il se prête mieux aux besoins du cas particulier. Pourquoi ne pas appliquer cette solution aux Limnées du sous-genre Gulnaria qui ne sont pas mieux définies que ne l'étaient nos Anodontes, et qui présentent la même variabilité ? Du reste, cette idée est loin d'être nouvelle" (1911, p.319). Plus loin on trouve encore : "si l'ovata donne naissance au peregra, c'est qu'il y a des raisons l'obligeant à accomplir cette évolution, donc le type primitif, forcé par certaines causes à se transformer, disparaîtra nécessairement, laissant place à la nouvelle variété" (Ibid., p. 322-323). C'est par des arguments de ce type que le jeune naturaliste réunit en une même espèce les Limnaea limosa, les L. auricularia, ovata, peregra, etc. Il est à noter que les préoccupations principales de Piaget à cette époque sont de constituer une taxonomie, et qu'on ne trouve, dans ce texte encore, aucun élément attestant d'un intérêt pour l'origine des espèces en tant que problème biologique.

Ce qui est à la base du débat entre Roszkowski et Piaget, est le fait que le doctorant lausannois ramène deux espèces, affirmées distinctes par Piaget dans son article de 1911, à une seule espèce parce qu'on trouve des passages rapides d'un type à l'autre. Roszkowski fait reposer toute sa taxonomie sur la vision mendélienne des groupes d'êtres vivants, qui non seulement distingue les deux types de variations, fluctuantes et héréditaires, comme le faisait déjà Darwin, mais ne prend que les secondes en considération dans la classification des espèces.

Le débat commence donc en 1912 par un article publié par
Roszkowski où il critique la taxonomie acceptée jusque là. Dans
"Notes sur les limnées profondes du lac Léman" (Zoologischer
Anzeiger, 1912. Leipzig, 40, pp. 375-381), il propose de modifier la
classification des limnées de la faune profonde du Léman.
Classiquement, cette population est divisée en trois espèces définies
par rapport aux caractères de leur coquille.

Sa publication représente une révolution dans la classification des
limnées en Suisse romande. En effet, à l'époque, les naturalistes se
fient encore aux caractères morphologiques apparents de la coquille
pour établir la classification des mollusques. Roszkowski introduit
une méthode qui tient compte de deux critères nouveaux : le premier
est de tenir compte des caractères morphologiques internes, moins
sujets aux variations fluctuantes en fonction des facteurs du milieu
(ce qui implique le recours à la dissection) ; le second consiste en un
recours à l'expérience où il s'agit d'observer si des formes présentant
des caractères morphologiques différents d'une souche supposée
originelle, plongées dans le milieu de vie correspondant à celui de
cette même souche mais différent du leur, évoluent dans le sens d'un
retour rapide, en quelques générations, à la forme primitive. S'il y a
un retour, on peut alors parler de simple variation adaptative d'une
espèce selon les conditions du milieu. Sinon on a affaire à de
"bonnes espèces" au sens défini par le paradigme néo-darwinien qui
insiste sur la distinction entre les variations fluctuantes résultant de
l'effet du milieu, et les variations héréditaires dues à des déterminants
cachés. Avec cette méthode, Roszkowski conteste le bien-fondé de
la distinction entre espèces abyssale et littorale et remanie la
taxonomie.

Classiquement on distingue chez les limnées :

- Trois espèces profondes : abyssicola, profunda, foreli.
- Trois formes littorales : palustris, stagnalis, auricularia (parfois réunie à une autre espèce littorale L. ovata).

Roszkowski observe que les limnées profunda et foreli présentent des différences au niveau de la coquille, mais sont similaires au niveau de l'appareil génital ; de même pour les limnées abyssicola, stagnalis et auricularia.

Selon le premier critère des caractères morphologiques internes, Roszkowski réunit donc les limnées profunda et la foreli sous le nom de L. ovata var. profunda ; et de même il réunit les limnées abyssicola, stagnalis et auricularia sous le nom de L. palustris var. abyssicola.

Il change donc la classification des limnées jusqu'alors acceptée de deux manières : d'une part, en donnant le rang d'espèce à deux formes littorales (ovata et palustris) réunies par des intermédiaires conchyliologiques, mais distinctes du point de vue de l'anatomie génitale ; d'autre part, en transformant les espèces profondes en variétés des espèces littorales dont elles ont la même anatomie génitale.

La nouveauté du travail de Roszkowski est de se baser sur l'anatomie comparée pour définir les espèces. C'est donc une différence anatomique qui lui permet de résoudre des questions de classification systématique. Dans la conclusion de son travail final sur les limnées du Léman, il écrit : "Je pense avoir démontré (…) que la variation de la coquille sous l'influence des conditions actuelles du milieu rend très sujettes à caution les preuves tirées des caractères conchyliologiques" (Roszkowski, 1914, p. 523) ; et plus loin : "si j'ai pu arriver à quelques résultats certains (...) c'est parce que dès le début de mes recherches, j'ai appris à me méfier de la valeur absolue présentée par les caractères de la coquille des Mollusques" (Ibid. p. 527). Comme le souligne Vidal, "une telle méfiance l'oppose à la plupart des classificateurs de son époque, Piaget compris, qui restent des conchyliologistes" (Vidal, 1988, p. 228).

Roszkowski minimise en effet systématiquement les caractères morphologiques extérieurs les plus directement en contact avec le milieu dans la construction de sa classification, tandis qu'il accorde toute son attention aux caractères anatomiques internes de l'organisme qui dans la conception néo-darwinienne sont plus directement dépendants des facteurs héréditaires.

Selon son second critère, Roszkowski complète son étude anatomique par d'autres considérations expérimentales. Les rapports de parenté qu'il établit entre les limnées profunda et ovata d'une part, et entre les limnées abyssicola et palustris d'autre part, sont confirmés par des élevages en aquarium. Ceux-ci montrent que la coquille des formes profondes retourne vers l'espèce type, c'est-à-dire ressemble à celle des formes littorales, dès la première génération. Les caractères particuliers de la coquille des formes profondes constituent donc des adaptations au milieu abyssal. "Contrairement à l'opinion de Clessin, qui a fait de la L. profunda et de la L. abyssicola des bonnes espèces", Roszkowski ne peut alors les considérer que comme des variétés (Roszkowski, 1912, p. 329).

Plus loin il continue : "La première génération issue soit de la L. profunda Cless., soit de la L. abyssicola Brot, obtenue en aquarium, présente une tendance très marquée au retour à l'espèce type. Les caractères particuliers de la coquille acquis sous l'influence du milieu abyssal ne seraient pas héréditaires, ils ne sauraient donc être considérés comme des caractères spécifiques" (Ibid.). On voit que dans son étude taxonomique Roszkowski applique avec rigueur la distinction faite par les mendéliens entre les critères fluctuants et héréditaires, se soumettant ainsi à une science plus fondamentale, celle de l'hérédité.

La classification de Roszkowski

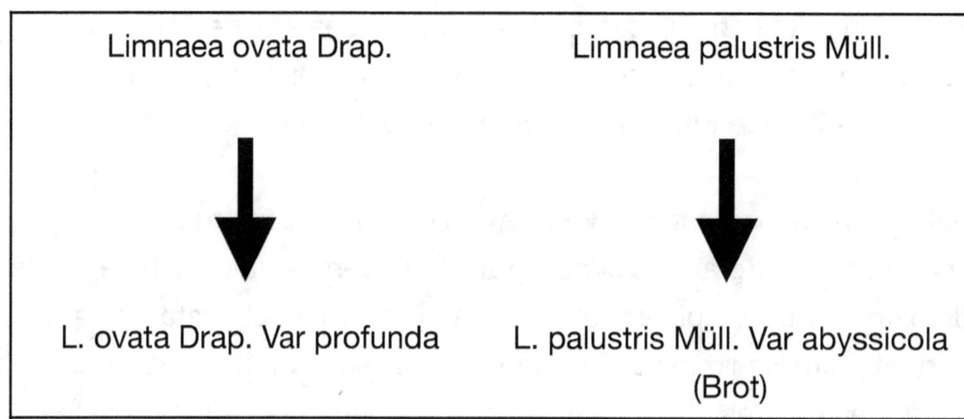

Par ailleurs, Roszkowski se réfère aux travaux de Forel (voir encadré ci-dessous) sur l'origine de la faune abyssale du Léman comme étant un processus de migration continue de la faune littorale venant peupler les eaux profondes. Le doctorant lausannois emprunte à cet auteur l'idée que la faune profonde est issue de spécimens de la faune littorale parvenus au fond du lac par migration active ou passive : "Les représentants des espèces littorales émigrés dans les fonds ne s'adaptent qu'imparfaitement aux conditions de leur nouveau milieu, ils y végètent durant quelques générations, et finissent par disparaître pour être remplacés par de nouveaux venus" (Ibid., p. 379). Roszkowski reprend ainsi à son compte l'hypothèse d'une migration continue dans le temps des limnées ovata et palustris vers les zones profondes du Léman. Il décrit comment, par "variation adaptative rapide", elles se transforment alors en L. ovata var. profunda et en L. palustris var. abyssicola.

François-Alphonse FOREL (1841-1912)

Parmi les hypothèses sur l'origine de la faune profonde, Forel a préféré celle de la migration : "La faune profonde descend des animaux de la région littorale, qui sont arrivés dans les grands fonds, soit par migration active, soit par migration passive, et qui s'y sont adaptés aux conditions du milieu"(Forel, 1885, La faune profonde des lacs suisses. T, Mémoires de la Société helvétique des sciences naturelles 29, 154).

- Du point de vue taxonomique, Forel attribuait un rang spécifique à "chaque type (provenant du littoral) qui s'est adapté aux conditions du milieu profond, s'il a pris la forme définitive qu'il doit atteindre après un nombre infini de générations passées dans ce milieu"(Ibid. , p. 184). C'est la raison pour laquelle, malgré le fait qu'il dise que la faune profonde n'est qu'une faune littorale modifiée et que les modifications qui apparaissent semblent être une adaptation au milieu, il considère cette faune comme constituée d'espèces et non pas uniquement de variétés.

- Comme Forel était gradualiste et qu'il pensait que les variétés sont des espèces naissantes, il signalait l'existence, dans le même milieu, de "tous les degrés possibles de différenciation"Les eaux profondes pouvaient donc contenir "tous les degrés de transformation"depuis la forme émigrée récemment et encore peu distincte jusqu'à l'espèce "modifiée à l'extrême " , fruit de plusieurs générations (Ibid. p. 185).

- On peut dire alors que l'hypothèse de Forel sur l'origine de la faune profonde concernait bien la migration, mais sans réduire cette faune à des formes littorales constamment renouvelées et toujours à nouveau et imparfaitement adaptées au milieu abyssal. On retrouve dans son point de vue le nominalisme darwinien.

- "Forel était un évolutionniste convaincu, dont la foi chrétienne avait été ébranlée par Darwin (Ergton 1978). Il n'était pas pour autant devenu darwinien, mais il était resté lamarckien [la différence tenant essentiellement à l'acceptation de la sélection naturelle] Il n'employait pas le concept de sélection naturelle, et il parlait de la formation des espèces abyssales comme résultant de l'adaptation directe au milieu et de la fixation de caractères adaptatifs au bout d'un grand nombre de générations"(Vidal, 1988, p. 230).

Roszkowski se demande alors comment se fait-il que les limnées stagnalis et auricularia ne soient pas représentées dans la faune profonde? Des deux hypothèses avancées - d'une part l'absence de la capacité de s'adapter aux zones profondes, de l'autre le fait que le genre de vie et la conformation des coquilles des limnées ovata et palustris les exposeraient à être plus facilement entraînées dans ces zones profondes - Roszkowski choisit la seconde : les limnées ovata, se tenant par prédilection à l'embouchure des rivières, sont facilement emportées par le courant. De même, les limnées palustris, qui n'ont qu'un pied de faible surface adhésive, sont plus facilement emportées par les vagues et les remous du lac, pouvant ainsi être transportées des mares voisines où elles se trouvent normalement. C'est donc bien par migration passive et continue que ces deux espèces de limnées viendraient peupler le fond du Léman.

"L'interprétation que Roszkowski donne aux considérations de Forel sur la migration trahit une position théorique contraire à la fois au nominalisme et à une conception gradualiste de la formation des espèces" (Vidal, 1988, p. 230). Les gradualistes voient en effet une continuité entre variétés et espèces, entre caractères variables et héréditaires, ce qui permettrait à une forme littorale isolée en eau profonde d'évoluer en une "bonne espèce". Considérant les seuls caractères anatomiques comme héréditaires pour définir l'espèce, et s'apercevant que les limnées profondes présentent le même appareil génital qu'une limnée littorale, Roszowski ne peut par contre concevoir qu'une migration continue.

En résumé, contrairement à la plupart des naturalistes, Roszkowski fait l'hypothèse que la faune profonde serait composée de spécimens du littoral temporairement adaptés au milieu abyssal, car il considère qu'un caractère est soit héréditaire, soit fluctuant, et non pas qu'un caractère héréditaire commence par être fluctuant. Aussi l'existence d'une population abyssale présentant le même caractère héréditaire qu'une population littorale ne peut s'expliquer que par une migration continue, et non pas par l'évolution d'une population ayant migré autrefois du littoral aux eaux profondes. L'argument principal de Roszkowski, pour défendre sa conception de l'espèce, à savoir que les caractères conchyliologiques sont fluctuants, est bien évidemment expérimentalement incontestable.

Durant cette même année 1911, Piaget doit suivre sur l'insistance de sa mère un séminaire de six semaines d'instruction religieuse sur les fondements de la doctrine chrétienne. Influencé par l'"honnête attitude historique" de son père, il garde néanmoins son "sens critique éveillé" (1976a, p. 4). Il est alors frappé par "la difficulté de concilier un certain nombre de dogmes avec la biologie" et par la fragilité des preuves de l'existence de Dieu, en particulier "de la preuve par la finalité de la nature et de la preuve ontologique" (Ibid.). Piaget nous dit que l'argumentation "me semblait d'autant plus extraordinaire que mon pasteur était un homme intelligent, qui s'intéressait lui-même aux sciences naturelles !". Pour répondre au malaise que fait naître l'incohérence de ces deux domaines, Piaget trouve dans la bibliothèque paternelle un livre d'Auguste Sabatier au titre prometteur "la philosophie de la religion fondée sur la psychologie et l'histoire". Il écrit : "je dévorai ce livre avec un immense plaisir. Les dogmes réduits à la fonction de "symboles" nécessairement inadéquats, et par-dessus tout, la notion d'une "évolution des dogmes" - voilà un langage qui m'était beaucoup plus compréhensible et satisfaisant pour l'esprit. Ainsi une nouvelle passion s'empara de moi : la philosophie" (Ibid.).

L'article de Roszkowski est publié à la fin de l'été 1912. Durant cette période, Piaget prend connaissance de la philosophie de Bergson. Dans son autobiographie il relate :

"Mon parrain, Samuel Cornut, un homme de lettres romand, m'invita environ à cette époque à passer mes vacances avec lui au lac d'Annecy. Je garde encore un excellent souvenir de cette visite : nous nous promenions, nous allions à la pêche, je cherchais des mollusques et écrivis une Malacologie du lac d'Annecy qui fut publiée peu après dans la "Revue savoisienne". Mais mon parrain avait un but. Il me trouvait trop spécialisé et voulait m'enseigner la philosophie. Entre les ramassages de mollusques il me parlait de L'évolution créatrice de Bergson. Ce fut la première fois que j'entendis parler de philosophie par quelqu'un d'autre qu'un théologien ; le choc fut immense je dois l'admettre.

Premièrement ce fut un choc émotif ; je me souviens d'un soir de révélation profonde : l'identification de Dieu avec la Vie même était une idée qui me remua presque jusqu'à l'extase parce qu'elle me permettait dès lors de voir dans la biologie l'explication de toutes choses et de l'esprit lui-même.

En second lieu, ce fut un choc intellectuel. Le problème de la connaissance (à proprement parler le problème épistémologique) m'a paru soudain dans une perspective entièrement nouvelle et comme un sujet d'étude fascinant. Cela me fit prendre la décision de consacrer ma vie à l'explication biologique de la connaissance.

La lecture de Bergson lui-même, que je ne fis que quelques mois plus tard (j'ai toujours préféré réfléchir à un problème avant de lire à son sujet) fortifia ma décision mais me déçut quelque peu. Au lieu d'y trouver le dernier mot de la science, comme mon bon parrain m'y avait préparé, j'eus l'impression d'une ingénieuse construction dénuée de base expérimentale : entre la biologie et l'analyse de la connaissance il me fallait quelque chose de plus que la philosophie" (1976a, p. 4 -5).

Dès lors, la philosophie bergsonienne s'offre comme un trait d'union entre son questionnement spirituel et les problématiques naturalistes qui l'occupent, avant d'être reléguée en toile de fond pour servir la cohérence de ses idées qui trouvent dans le concept d'"élan vital" une explication satisfaisante au dynamisme de l'évolution en accord avec les théories de Lamarck et de Darwin qui renient toute finalité surnaturelle. De plus, dans son ouvrage Bergson présente des critiques aux conceptions des théories modernes débattues sur la scène de la biologie comme celles du botaniste hollandais De Vries à qui on doit la redécouverte des lois de Mendel, ou de l'anglais Bateson qui en fait des lois générales de l'hérédité dans tous les cas de croisement des êtres vivants.

Ainsi, si les échanges avec Roszkowski ont joué un rôle crucial dans l'introduction de Piaget aux problèmes fondamentaux de la biologie moderne, l'influence du philosophe français se laisse pourtant percevoir ne serait-ce que dans le langage même utilisé par le jeune auteur dans "Les récents dragages malacologiques du M. le Prof. Emile Yung dans le lac Léman" et dans ses articles ultérieurs comme nous aurons l'occasion de le souligner.

Face à la position de Roszkowski, Piaget est certainement amené à réfléchir, non plus tant sur le problème de savoir si telles formes de limnées rencontrées dans la nature peuvent être ou non réunies en une seule espèce, mais au problème beaucoup plus important de savoir ce qu'on définit par le concept d'espèce. En effet, jusque-là, le jeune naturaliste n'accorde de réalité qu'aux seuls individus qui se ressemblent plus ou moins et peuvent de ce fait être classés ensemble, et adopte ainsi une position nominaliste par rapport au concept d'espèce. La plupart des conchyliologistes adoptent la même conception nominaliste de l'espèce étant donné la grande variabilité que peuvent présenter les coquilles qu'ils trouvent. Ainsi dans "La vanité de la nomenclature ", un manuscrit retrouvé par Vidal, dont Piaget fait la présentation aux Amis de la Nature en 1912, notre auteur fait déjà référence à l'élan vital de Bergson pour argumenter que l'espèce est une "utopie", une convention qui ne correspond à aucune réalité stable dans la nature ou "dans le flux de l'évolution". Mais ce qu'il rencontre avec la taxonomie de Roszkowski, c'est une conception beaucoup plus réaliste de la notion d'espèce, même si ce dernier partage avec le jeune naturaliste la relativité de la notion d'espèce comme en témoigne l'extrait de correspondance suivant :

"En réponse à vos idées sur la systématique, je vous avouerais que je considère, comme vous, la notion de l'espèce comme relative. Mais, comme du reste la plupart des systématiciens, je considère comme caractères spécifiques seulement les caractères héréditaires, d'autant plus que les recherches des dernières dix années, surtout de l'école mendélienne (...) ont démontré qu'il existe une différence fondamentale entre les variations héréditaires et les variations fluctuantes, et ce sont seulement ces premières qui jouent un rôle dans la genèse des espèces" (Vidal, 1992, p.118).

Pour contrer les arguments de Roszkowski, le jeune Piaget se passionne alors pour les expériences de limnées en aquarium pour préciser le rôle du milieu dans la spéciation, la filiation et l'origine des espèces en lien avec le statut de l'espèce. Cependant, il n'abandonne pas ses premières élaborations théoriques de l'article de 1911, forgées auprès de son maître Godet, qui justifient le choix du cadre de classification. Comme il n'abonde pas dans le sens des conclusions de son adversaire, le jeune naturaliste va s'efforcer d'apporter une autre interprétation théorique aux expériences d'élevage en aquarium de Roszkowski.

Dans son article de 1912 "Les récents dragages malacologiques du M. le Prof. Emile Yung dans le lac Léman" qui est essentiellement un catalogue des différents mollusques dragués par E. Yung, on trouve trois pages de discussion des affirmations de Roszkowski. Piaget y remet en cause l'ensemble des conclusions de son adversaire, et surtout son affirmation d'une migration continue des limnées du littoral dans les zones profondes, dont Roszkowski pense qu'elle est à l'origine des variétés de limnées abyssales. Piaget écrit ainsi : "Tout en reconnaissant la valeur de certaines assertions de l'auteur, en particulier, de son opinion très soutenable sur l'affinité des L. profunda, L. Foreli et L. ovata, je ne puis cependant admettre ses interprétations fondamentales. Rien ne prouve, en effet, que les formes profondes actuelles dérivent des formes littorales actuelles, ou vice versa. Je pense qu'il s'agit au contraire de transformations beaucoup plus anciennes" (1912, p. 206).

Piaget propose une alternative à l'hypothèse de la migration continuelle selon laquelle les limnées actuelles ont une origine commune dans les "limnées ancestrales" qui ont évolué suivant leur milieu, abyssal ou littoral, "sans que ces deux courants évolutifs aient des rapports entre eux" (Ibid.) Cette hypothèse permet à Piaget d'expliquer la ressemblance au niveau de l'appareil génital, appareil qui serait un trait ancestral n'ayant pas subi, comme la coquille, l'influence de l'environnement. Pour lui l'origine commune des limnées profondes et littorales n'est possible que si les deux populations sont isolées géographiquement. Il rejette donc totalement l'hypothèse de migration continuelle et cherche à démontrer celle de l'isolement, sans toutefois contester le choix fait par Roszkowski d'un caractère spécifique de l'anatomie interne. Il ajoute d'ailleurs, "cette hypothèse explique parfaitement la ressemblance du receptaculum seminis observée par M. Roszkowski chez L. palustris et L. abyssicolla, un organe de cette nature subissant évidemment beaucoup moins l'influence du milieu que les caractères morphologiques de l'animal, ou que la coquille, ou encore que les organes dont la physiologie est directement modifiée par les conditions extérieure" (Ibid.). Notons néanmoins qu'il persiste dans l'utilisation des caractères conchyliologiques et donne une explication mécanique de la transformation des coquilles en fonction de la variabilité du milieu : les limnées profondes "soumises à des actions du milieu très uniformes" présentent des affinités étroites entre elles en plus de caractères spécifiques constants ; les limnées littorales "au contraire, subissant des influences extérieures très variables" évoluent en espèces "dont la variabilité est bien plus considérable, mais qui sont aussi plus instables. C'est ainsi que les L. stagnalis et L. lacustris sont très polymorphes et présentent de nombreux intermédiaires, tandis que les deux formes profondes correspondantes L. Yungi et L. profunda ont des caractères moins divergents et mieux définis. Mais, si les espèces profondes présentent entre elles des affinités bien plus étroites que les espèces littorales, cela tient à un autre ordre d'influence ; l'action de l'eau profonde ayant beaucoup moins varié que l'action des eaux de surface (…) il est probable que l'évolution des espèces profondes a été relativement faible. En d'autres termes, chaque espèce profonde est plus proche de sa forme ancestrale que la forme littorale correspondante" (Ibid.). On voit que si Piaget distingue bien les caractères fluctuants des caractères héréditaires, comme Lamarck et Darwin, il conçoit la spéciation comme se faisant graduellement en condition d'isolement biogéographique. Par ailleurs Piaget rappelle que la L. limosa var. sublittoralis (littorale) peut être trouvée entre 30 et 50 mètres de fond, tandis que la L. Foreli (profonde) se situe entre 15 et 30 mètres et que néanmoins pour Forel seule la première suit la loi de la migration continue alors que Roszkowski l'applique à toutes les formes abyssales.

Selon Piaget nous avons donc:

Formes littorales	Formes profondes
L. stagnalis	L. Yungi
id. var. lacustris	L. profunda
L. palustris	L. abyssicola
L. limosa	L. Foreli

Ce qui semble étonnant c'est que Piaget ne prend pas en compte les expériences que Roszkowski utilise pour justifier que des formes profondes et littorales appartiennent à la même espèce. Le fait que l'élevage en aquarium montre que dès la première génération, la L. profunda "présente une tendance très marquée au retour à l'espèce type", soit la L. ovata (Roszkowski, 1912, p. 378-379) ne semble pas poser de problème au jeune naturaliste, ni le fait que Roszkowski nie la filiation entre la L. profunda et la L. stagnalis en se basant sur un critère interne malgré les ressemblances de leur coquille.

Le modèle théorique dans lequel évolue Piaget ignore pour l'instant l'importance que revêt l'expérimentation. Donc Piaget a un point de vue qui paraît reposer sur les présupposés suivants (qui sont en accord avec sa classification de 1911) : Si des formes de surface jusqu'aux formes profondes on observe une série continue de formes intermédiaires, alors il faut accepter d'unifier les formes extrêmes en une espèce, sinon il faut distinguer plusieurs espèces. Le jeune Piaget va donc faire appel à une hypothèse qui a pour but de justifier sa taxonomie ; c'est-à-dire le problème de l'origine n'apparaît pas encore comme un problème fondamental, dominant le problème de la classification. Il ne prend donc pas du tout en considération le point de vue théorique du doctorant lausannois, soit le néo-darwinisme. L'hypothèse à laquelle va faire appel Piaget est donc conforme à la conception gradualiste, et elle consiste à affirmer que les espèces de surface et les espèces abyssales ont une origine ancestrale commune ; celle-ci s'est différenciée plus ou moins rapidement, en différentes espèces selon les conditions du milieu. Mais le milieu ne pouvait pas agir de la même façon sur la morphologie interne, ce qui explique la communauté des formes de l'appareil génital entre des espèces de surface et des profondeurs issues d'une même espèce ancestrale.

On peut expliquer la conception de Piaget du fait que si l'on croit à la continuité entre espèces et entre variétés, "l'emploi des caractères variables gêne beaucoup moins que si l'on exige la stabilité absolue des caractères spécifiques" (Vidal, 1988, p. 232). Ainsi Piaget ajoute un point au débat en créant une nouvelle espèce abyssale, la L. Yungi, ainsi qu'une variété de l'espèce littorale L. limosa var. sublittoralis, les deux sur la base morphologique externe de la coquille. La création de la limosa var. sublittoralis se justifie puisque pour lui la formation des espèces se fait par l'action conjuguée du temps et de l'adaptation au milieu. Dans cette conception, la stabilité des caractères est relative. Cette idée est en accord avec la pensée de Forel, mais pour Roszkowski, le fait qu'une espèce puisse être instable est totalement incohérent.

Pour Piaget, la L. limosa var. sublittoralis est importante car elle illustre la notion gradualiste de continuité entre variétés et espèces. Selon lui, cette nouvelle variété est peu caractéristique, mais dit-il, "je la distingue (…) sous un nom spécial, car il n'est pas concevable qu'à une profondeur de 30 à 50 mètres l'animal n'ait pas suivi les lois de l'adaptation au milieu, lois générales de la faune profonde" (1912, p. 221). Ce qui est le plus important pour lui pour justifier la création de cette variété, c'est l'adaptation à un milieu qui n'est déjà plus littoral. L'organisme a donc dû s'adapter à son environnement et "cette limnée doit avoir des téguments plus ternes (…) et une respiration aérienne se transformant en une respiration aquatique" (Ibid.). Donc Piaget croit pouvoir créer un nouveau groupe taxonomique sur la base de processus qu'il considère comme étant en cours et comme devant conduire à la formation du groupe. Il justifie sa création en s'appuyant sur la conviction que l'isolement biogéographique conduit à la spéciation, ce qui est souligné par l'utilisation du terme "faune sublittorale" . Cette faune dérivant d'une forme littorale marque un intermédiaire au niveau morphologique entre les faunes littorale et abyssale. Cependant, il veut également prouver que les variétés sublittorales ne sont pas les témoins d'une migration verticale continue. Tout d'abord, il montre que la faune sublittorale est rare, parfois même inexistante et qu'on ne la retrouve pas partout où il y a des populations littorales et abyssales. Or une migration continuelle entraînerait inévitablement la présence de formes sublittorales.

En s'appuyant sur ses connaissances paléontologiques et limnologiques, Piaget suggère ensuite une origine ancienne aux limnées abyssales. Certaines de ces limnées seraient arrivées dans les lacs profonds à la fin des glaciations lors de l'élévation du niveau des eaux lacustres.

Avant d'aborder un prochain article qui nous montre une progression dans la pensée du naturaliste, résumons brièvement les événements. Le professeur Yung envoie les résultats malacologiques de son dragage à Piaget. Ce dernier entreprend la détermination des entités en se fondant sur la seule forme des coquilles. Une fois son article publié, il lit celui de Roszkowski. Le critère retenu est celui de l'appareil génital des limnées. Comme Roszkowski se base sur lui pour établir une classification très différente de Piaget, celui-ci est obligé de réinterpréter le critère afin qu'il soit en accord avec sa propre classification. Bien que Piaget ait avancé l'hypothèse d'une forme ancestrale commune aux différents types de limnées pour intégrer les observations de Roszkowski qui attestent d'un même appareil génital, on peut penser que cette explication purement spéculative ne le satisfait pas. C'est la raison pour laquelle il cherche à confirmer cette hypothèse. Une nouvelle collecte de Yung lui permettra notamment de réaliser une première étape dans cette entreprise de vérification empirique, avec correction des intuitions initiales.

1913 Deuxième Étape de la Controverse, de la Taxonomie à la Biologie

L'article, "Nouveaux dragages malacologiques de M. le Prof. Yung dans la faune profonde du Léman", du 21 avril 1913 marque une étape intermédiaire chez Piaget entre ses anciens écrits taxonomiques et les suivants relatifs à des problèmes d'adaptation et d'évolution.

Il ne change rien au critère présidant ses précédentes classifications, car du moment que les individus d'un groupe peuvent facilement être distingués de ceux d'un autre groupe, les deux groupes peuvent être considérés comme faisant l'objet de spéciations. La classification reste basée sur les seules considérations morphologiques. Ainsi les L. profunda, Yungi et Foreli, se distinguant facilement par la forme de leur coquille, doivent être considérées comme des espèces et non pas, comme le veut Roszkowski se fiant à la similitude de leur appareil génital et à leur retour rapide aux types lors des élevages en aquarium, comme une seule variété de la L. ovata du littoral, pouvant prendre des formes diverses en eaux profondes.

Le désaccord subsiste donc quant aux choix des critères à retenir dans la construction de la classification. Dans sa thèse intitulée "Contribution à l'étude des limnées du lac Léman" (Rev. sui. zool., t.22, 1914), Roszkowski raconte ses démêlés avec Piaget : "Mieux que toutes les discussions, le fait suivant démontrera la supériorité de l'appareil génital sur ceux de la coquille dans la détermination de l'espèce. J'ai élevé en aquarium, dans des conditions diverses (...) plusieurs générations de L. profunda Cless. En comparant la coquille des individus de la première génération, provenant directement de la profondeur du lac, avec celles de leurs filles et petites-filles élevées en aquarium, j'ai constaté que, d'après les diagnoses des conchyliologistes, il était possible de rapporter chaque génération à une espèce différente. Étonné et craignant l'influence d'idées préconçues, je me suis permis de soumettre à la détermination de M. Piaget les coquilles de ces trois générations de limnées. D'accord avec moi, il a rapporté la première génération à L. Yungi Piaget (pour moi L. profunda Cless.), la deuxième génération à L. ovata Drap. et la troisième à L. Foreli Cless. ; ce qui démontre d'une façon évidente, non seulement le lien étroit qui rattache L. profunda Cless. et L. Foreli Cless. à L. ovata Drap., mais aussi la non-hérédité des caractères acquis par la coquille sous l'influence du milieu abyssal" (Roszkowski, 1914, p. 493).

Piaget reste toujours insatisfait des hypothèses de son adversaire et donne trois arguments pour maintenir les limnées profondes au rang d'espèce. Tout d'abord, il reprend l'argument qu'il existe une discontinuité entre les populations littorale et abyssale et l'absence de courants rendant possible une migration passive vers les eaux profondes. Ensuite, il reprend également celui d'une origine commune remontant à la glaciation. Enfin, il estime que la transformation en aquarium ramène les limnées à la forme ancestrale et non pas à la forme sublittorale que Roszkowski aurait considérée "comme intermédiaire entre les formes de surface et les races profondes" (1914c, p.11). Ce retour au type ancestral confirme Piaget dans sa théorie qui fait de la faune sublittorale l'objet d'une spéciation. De plus, Piaget ajoute que la régression arrive après plusieurs générations sans retourner entièrement à la forme ancestrale, et montre ainsi la précision de ses observations expérimentales.

La prise en compte des caractères fluctuants comme critère de classification, dans l'hypothèse d'une évolution graduelle, admet que les descendants directs de limnées appartenant à une espèce en voie de spéciation et bien définie puissent appartenir à une autre espèce. Les expériences en aquarium de Roszkowski n'apportent donc pas d'éléments de contradiction logique à la cohérence du système de Piaget. La contradiction réside toute entière dans le fait que Roszkowski adopte un autre modèle intrinsèquement tout aussi valable. La grande leçon que Piaget retiendra sans doute de cette controverse est la relativité des théories scientifiques en fonction des modèles au sein desquels elles sont émises. Nous pensons en particulier à l'article "l'explication en psychologie et le parallélisme psychophysiologique" publié en 1970 où le chapitre 3 intitulé "la multiplicité des formes d'explication psychologique" commence par les mots :

"On sait qu'il existe malheureusement un grand nombre de types d'explication possible en psychologie, davantage encore (et ce n'est pas peu dire) qu'en biologie (...) La raison n'en est pas à chercher principalement dans des désaccords sur l'établissement des faits ou des lois: on finit tôt ou tard par s'entendre sur ce terrain (...) La diversité des explications tient un peu davantage à la coordination déductive des lois, non pas parce que les règles de déduction varient d'un auteur à l'autre, mais parce que, si certaines écoles font de grands efforts de cohérence déductive (...) d'autres s'en soucient beaucoup moins. Mais la raison principale (et de beaucoup) de la multiplicité des formes d'explication est à chercher dans la diversité des "modèles", ce qui représente au moins cet intérêt de vérifier la différence entre ce que nous avons appelé la coordination logique et la coordination réelle dans les démarches de l'explication causale. Il faut d'ailleurs dire encore davantage : si les "modèles" possibles diffèrent pareillement entre eux, au point qu'ils encombrent parfois plus qu'ils ne favorisent le travail de l'expérimentaliste, cela tient essentiellement aux difficultés soulevées par la nécessité de donner une solution à la fois acceptable théoriquement et féconde (ou tout au moins commode) heuristiquement au problème des relations entre les structures des réactions conscientes et les structures organiques. On a beau nier la question, ou la dire dépassée, mal posée, etc., c'est toujours en définitive l'attitude que l'on prend à son égard qui en vient à commander le choix des modèles explicatifs : d'où leur diversité qui tient donc à la complexité du domaine propre de la psychologie plus qu'à l'incohérence des théories ou des méthodes" (Piaget, 1970, p.139).

Nous nous sommes permis de citer ce long extrait, car il semble particulièrement bien "coller" avec la situation que traverse le jeune Piaget à cette époque.

Et en effet on peut constater l'ouverture d'esprit dont sait faire preuve le jeune naturaliste, même si son sens critique est toujours en éveil, car après s'être informé sur les rapports de filiation entre les faunes abyssales et littorales, il accepte les arguments du doctorant lausannois concernant l'absence de filiation entre la L. Yungi et la L. stagnalis. Ainsi il écrit : "Puisque, comme me l'a prouvé M. Roszkowski, la L. Yungi a pour espèce littorale correspondante la L. ovata, cette parenté étroite avec la L. stagnalis - parenté au moins morphologique - est bien curieuse. Il semble extraordinaire que la L. ovata donne des formes aussi allongées dans des stations où vit la var. obtusiformis de la L. Foreli" (1913c , p. 219). Toutefois Piaget peine à abandonner la seule considération des critères conchyliologiques et argumente encore en affirmant avoir "reçu de Forel un certain nombre de jeunes L. stagnalis - justement - et de forme très allongée, draguées devant Morges de 15 à 30 mètres de fond" (Ibid.), cela alors qu'un des arguments de Roszkowski, dans son article de 1912, pour nier les rapports de filiation entre la L. profunda, y compris la Foreli qui lui est identifiée, et la L. stagnalis, était justement qu'il n'avait pas rencontré la L. stagnalis "à des profondeurs supérieures à un ou deux mètres" (Roszkowski, 1912, p. 378).

Ce n'est donc pas sans résistance que le jeune Piaget accorde à son aîné la mise en évidence expérimentale d'une filiation entre la L. Yungi, la L. Foreli et la L. ovata. Néanmoins, il se refuse toujours à reconnaître une même filiation entre la L. profunda et la L. ovata, et surtout il n'accepte pas les conclusions que Roszkowski tire de ces liens de filiation observés expérimentalement pour justifier la relégation des caractères conchyliologiques fluctuants au profit des caractères anatomiques stables. De même, il n'accepte pas la conclusion que Roszkowski établit concernant l'origine des limnées abyssales à partir des transformations rapides des formes les unes dans les autres observées en élevage. On verra d'ailleurs dans l'analyse de prochains articles que Piaget continue de défendre la thèse d'une forme ancestrale commune, puisque les expériences du doctorant lausannois permettent d'observer des passages des formes littorales actuelles aux abyssales, et vice versa. Les L. Foreli et Yungi, ainsi que les L. profunda et abyssicola, restent pour lui de "bonnes espèces". Mais par ailleurs, son hypothèse d'une forme ancestrale commune aux espèces littorales et abyssales, dans le contexte théorique lamarcko-darwinien, n'apparaît pas à Piaget comme contradictoire avec l'hypothèse de Roszkowski d'une origine actuelle des secondes à partir des premières. Pourtant cette origine actuelle est le motif principal du doctorant lausannois pour refuser de considérer les caractères conchyliologiques comme spécifiques suivant la distinction néo-darwinienne entre caractères héréditaires, non directement influencés par le milieu, et caractères fluctuants directement influencés par lui. Le paradoxe se situe dans le fait que les mêmes expériences d'élevage de limnées en aquarium aboutissent à des interprétations contradictoires du fait que les modèles théoriques qui les sous-tendent sont différents : pour Piaget, le passage d'une espèce à une autre en aquarium est congruent avec la théorie de la spéciation ; pour Roszkowski les liens de filiation entre différentes formes révélés par l'expérimentation démontrent qu'il s'agit d'une même espèce et que les caractères fluctuants sont insuffisants pour la définir. Le débat est donc toujours celui du statut de l'espèce entre nominalisme pour Piaget et réalisme pour Roszkowski.

Dans la perspective de Piaget, l'expérimentation en aquarium offre en quelque sorte la possibilité de voir l'évolution en action, ce qui nous rappelle le rôle qu'ont joué les îles Galapagos dans la prise de conscience de la dynamique de l'évolution chez Darwin, comme se jouant actuellement sous ses yeux. On peut comprendre alors avec quel enthousiasme le jeune naturaliste entre, par la méthode de l'expérimentation, dans une nouvelle ère scientifique, en prise directe sur le vivant au lieu de se trouver cantonné à des traces du passé dans la collecte des fossiles et des coquillages. L'élevage en aquarium présente aussi l'avantage de pouvoir résoudre empiriquement le problème des filiations puisque Piaget est déjà sensible à cette époque, comme l'ont montré ses écrits précédents, à la difficulté de classer les entités récoltées. Il prend donc conscience de la valeur de l'expérimentation pour résoudre les problèmes de filiation et parallèlement, les rapports entre l'organisme et le milieu lui apparaissent maintenant comme un problème crucial qui défie sa curiosité intellectuelle.

Dans le contexte théorique où il se situe, Piaget continue à distinguer l'origine et les passages entre les différentes formes de limnées qui apparaissent en situation d'élevage sans nuire à la cohérence du système qu'il construit.

Le caractère spéculatif de son hypothèse d'une origine ancestrale ne le satisfaisant sans doute pas, on voit que très vite, en plus des recherches qu'il entreprend sur le terrain pour évaluer l'hypothèse de la migration continue, passive ou active, de Roszkowski, Piaget se plonge dans l'étude des théories relatives à l'origine des espèces. Ainsi dans son autobiographie Piaget parle à peu près à la même époque de sa boulimie de lectures et en particulier des œuvres de Spencer, Le Dantec, Durkheim, etc.

En définitive, l'article de 1913 sur les "Nouveaux dragages malacologiques de M. le Prof. Yung dans le Léman" marque bien un tournant dans la problématique qui intéresse Piaget.

De 1907 à 1912, Piaget, sous l'influence du milieu des naturalistes suisse romands, s'intéresse essentiellement à l'établissement de l'inventaire de la faune régionale des mollusques et à la construction de la taxonomie sur la base de la différenciation de leurs caractéristiques conchyliologiques. Avant 1913, les problèmes et concepts abordés sont ceux des classificateurs du 19ème siècle relatifs à l'interprétation réaliste ou nominaliste de l'espèce et à la localisation biogéographique et temporelle des organismes. A partir de 1913, suite à la controverse avec Roszkowski, Piaget est amené à réfléchir sur les mécanismes de l'évolution, puisque les transformations constatées en aquarium sont l'objet d'un désaccord au niveau de l'interprétation. La prise en compte des rapports de l'organisme et du milieu amène en outre Piaget à considérer de manière toujours plus attentive la part jouée par les adaptations individuelles dans l'adaptation des espèces.

1913-1915 Troisième Étape de la Controverse: l'Activité Biologique et Recherches sur le Problème de l'Origine

Bien que Piaget commence lentement à prendre conscience des nouveaux enjeux que présentent les différentes théories biologiques, il reste fidèle à sa première passion, la taxonomie des mollusques.

Par exemple, toujours en 1913, il écrit une "Malacologie alpestre" (Rev. sui. zool., t. 21, 1913, p. 439-572). On y trouve classiquement un catalogue des mollusques récoltés ici dans les cinq vallées des Alpes vaudoises et valaisannes avec une préoccupation accentuée pour l'aspect biogéographique comme il l'explique lui-même dans son introduction : "J'ai dressé le catalogue de toutes les espèces de mollusques que j'ai pu rencontrer, en notant soigneusement les conditions de trouvailles et l'altitude du lieu des récoltes, le tout pour servir à des études plus générales sur les mollusques suisses et leur distribution hypsométrique" (1913a, p. 439). Les catalogues qui suivront présentent de plus en plus de considérations sur les régions où les mollusques sont récoltés, leur habitat, leur origine géographique, etc. Ce sera d'ailleurs le cas avec "Nouvelles recherches sur les mollusques du Val Ferret et des environs immédiats" que Piaget publie en 1916 dans le Bulletin de la Murithienne et qui rapporte des travaux de 1914 à 1915.

En réponse aux écrits précédents de Piaget, le doctorant lausannois écrit un court article intitulé "A propos des limnées de la faune profonde du lac Léman" durant l'été 1913, mais qui ne sera publié qu'en octobre 1913 dans le même numéro du Zoologischer Anzeiger dans lequel paraît l'article de Piaget sur "Les mollusques sublittoraux du Léman recueillis par M. le Prof. Yung" que nous traiterons ultérieurement.

Roszkowski rapporte un extrait de correspondance dans lequel Piaget affirme n'être pas étonné par les résultats obtenus lors des expériences d'élevage en aquarium qui consiste en une transformation rapide des L. Yungi en L. ovata car suivant la théorie de la spéciation il est tout naturel "qu'une forme vivant à 100 mètres de fond, quelle que soit son origine, donne en aquarium des descendants radicalement transformés par le fait du changement complet des conditions" (Roszkowski, 1913, p. 89). Le doctorant répond que "tout en étant très naturelle, il me semble que cette transformation prouve que les caractères conchyliologiques sur lesquels Piaget se base pour établir des espèces, varient sous l'influence du milieu, et qu'ils ne sont pas héréditaires. Dans ces conditions, nous sommes loin de nous entendre, parce que nous avons une conception toute différente de l'espèce" (Ibid.). Le reste de l'article explicite en quoi consistent ces différentes conceptions de l'espèce :

"Je reconnais que pour le collectionneur, il est bien commode de faire arbitrairement des espèces qui serviront de cadres généraux à des cadres de plus en plus petits, la variété, la sous-variété, la forme, et cela sans s'inquiéter si ces divisions sont basées sur des caractères d'égale valeur, si ces caractères sont héréditaires ou non. Mais si cette notion de l'espèce simplifie souvent la classification et la nomenclature, elle ne concorde plus avec les idées qui ont cours actuellement en biologie. Ce qui permet de définir l'espèce, ce sont les caractères héréditaires à l'exclusion des caractères dits fluctuants. Par suite d'un changement de milieu, ces derniers peuvent apparaître et rendre dissemblables des individus possédant le même patrimoine héréditaire ; mais le retour en milieu normal produit le retour à l'espèce type. L'apparition de ces fluctuations, provoquées par l'influence du milieu, ne porte aucune atteinte au patrimoine héréditaire de l'être, et ne permet pas d'établir une espèce nouvelle.

Dans le cas qui nous occupe, l'étude des générations successives élevées en milieux divers nous fait distinguer le patrimoine héréditaire des caractères fluctuants. Le premier se manifeste par la forme de l'appareil génital, identique chez L. profunda Cless., L. Foreli Cless., L. Yungi Piaget et L. ovata Drap., constante chez les générations successives et indépendantes des conditions du milieu. Ces limnées possèdent donc le même patrimoine héréditaire et par conséquent appartiennent à la même espèce.

Par contre, les caractères de la coquille sont, sans doute, des caractères fluctuants, puisque le retour des formes profondes au type littoral spécifique est marqué déjà à la première génération ; ce qui nous autorise à dire qu'une forme profonde ramenée aux conditions de la vie littorale donne des formes littorales et inversement.

Je reconnais qu'on est souvent loin d'être d'accord sur les limites de bien des espèces limnéennes, en partie faute de pouvoir reconnaître les caractères héréditaires et ceux qui résultent de fluctuations. Mais j'estime que lorsque le biologiste peut distinguer ces deux formes de caractères, il est parfaitement en droit de ne pas tenir compte des espèces artificiellement créées.

C'est pour cela que j'ai réuni les espèces L. profunda Cless., L. Foreli Cless., et L. Yungi Piaget à L. ovata Drap., et L. abyssicola Brot à L. palustris Müll".
(Ibid., pp. 89-90)

Le point de vue de Roszkowski est clair et en accord avec la taxonomie moderne élaborée par les néo-darwiniens à partir de la distinction nette entre les caractères fluctuants et héréditaires, les premiers s'adressant au phénotype, les seconds au génotype ou selon les termes de Weismann au "soma" ou au "germen". Les critères définissant l'espèce étant différents, il est bien évident que, comme le dit Roszkowski "nous sommes loin de nous entendre, parce que nous avons une conception toute différente de l'espèce". Par ailleurs, il n'y va pas de main morte pour l'amour propre de son jeune confrère puisqu'il lui fait bien comprendre qu'il appartient à une vision dépassée de l'étude de la nature. Le "collectionneur" ramassant des coquilles ne peut avoir accès qu'aux critères conchyliologiques apparents, mais tout cela est très statique, loin de la dynamique qu'exige l'étude de la vie. Cette manière de classifier est "commode" mais arbitraire et aboutit à des "espèces artificiellement créées". Pour étudier les organismes vivants, l'expérimentation en aquarium est la seule méthode qui rende compte des processus dynamiques des transformations et permet de distinguer les caractères fluctuants des caractères héréditaires. Nul doute que Piaget retiendra longtemps cette leçon.

Bien plus tard, il écrira dans son article "L'explication en psychologie et le parallélisme psychophysiologique" : "Si le psychologue ambitionne d'être plus qu'un simple collectionneur de faits, il faut bien alors qu'il en cherche la raison" (In: Traité de psychologie expérimentale, 1970. vol. 1, Histoire et méthode, Paris, PUF, p. 135). Les faits n'apportent aucune explications sur le monde, ce qui importe ce sont les processus qui les mettent en relation que nous pouvons inférer entre ces faits, processus qui ne sont légitimés que par la cohérence du système ainsi élaboré ; la cohérence elle-même relève de l'accord avec les lois du modèle auquel on se réfère.

Piaget ripostera à la critique qui lui est faite dans un article justement intitulé "L'espèce mendélienne a-t-elle une valeur absolue ? " (Zoologischer Anzeiger, Leipzig, 1914, 44, pp. 328-331).

Dans le même journal Zoologischer Anzeiger d'octobre 1913, paraît aussi l'article "Les mollusques sublittoraux du Léman recueillis par M. le Prof. Yung" dans lequel Piaget reprend les deux hypothèses sur l'origine ancienne des L. Yungi et Foreli et des L. abyssicola, les unes à partir des ovata, les autres à partir des palustris. Les expériences en aquarium qu'il réalise confirment l'observation de Roszkowski sur le retour, dès la première génération, des formes abyssales au type d'origine. Mais alors que pour Roszkowski la notion de "type d'origine" dénote la limnée littorale actuelle migrée au fond du lac, elle signifie pour Piaget l'espèce ancestrale à partir de laquelle aurait évolué la limnée abyssale. D'autre part, il argumente à partir de nouveaux dragages de Yung que "la faune sublittorale n'est pas le passage que suivent les mollusques de surface pour donner les espèces profondes" (1913b, p. 624) et que par conséquent elle "ne marque pas une transition insensible entre les produits littoraux et les produits profonds" (Ibid., p.616), bien qu'elle soit "intermédiaire par ses caractères, entre les deux zones abyssale et littorale, présentant dans une certaine mesure le faciès de la première et la richesse de la seconde" (Ibid., p. 624). D'après l'auteur, la faune littorale va jusqu'à 4-5 m. de fond ; la faune abyssale débute entre 30 et 50 m. et entre les deux se situe la faune sublittorale.

Un autre élément de preuve qui paraît important à notre auteur et que seule la L. ovata a un représentant dans la zone sublittorale, tandis que la L. palustris n'en n'a pas alors qu'elle est souche de l'abyssicola. Enfin, dans un langage typiquement bergsonien, il relève chez les limnées sublittorales "dans certains cas une visible diminution de puissance vitale. Cette difficulté d'existence, bien évidente pour ce qui est des limnées, rend assez douteux que ces animaux aient persévéré dans une migration descendante, et laisse penser qu'il faut invoquer des phénomènes plus puissants pour expliquer la genèse des sociétés abyssales" (Ibid.).

Comme Piaget n'est pas satisfait de l'hypothèse formulée par Forel et reprise par Roszkowski d'une migration continue et renouvelant sans cesse cette faune pour les limnées abyssales, il reprend, en 1913, des travaux ayant pour but de mieux connaître les origines de la faune profonde. Suite de quoi il publie en 1914 son exposé intitulé "Premières recherches sur les mollusques profonds du lac de Neuchâtel" (Bull. soc. neuch. sc. nat., t. XI, 1914, p. 148-171). Dans ce dernier, après avoir rappelé les travaux anciens et récents de Forel, Yung et d'autres auteurs, Piaget affirme que les mollusques abyssaux du lac de Neuchâtel sont encore peu connus, d'où l'intérêt des recherches sur la faune de ce lac. De plus, il rappelle la controverse qui s'est élevée entre Roszkowski et lui sur "l'origine et la taxonomie des limnées profondes" (1914d, p. 149) :

"M. Roszkowski, se basant sur l'étude anatomique de ces animaux et leur distribution géographique, prétend qu'ils sont directement issus des espèces littorales et que ces migrations se poursuivent sans cesse en renouvelant la faune profonde ; en outre, ces limnées ne seraient pas des espèces à conserver, mais de simples variations fluctuantes. D'autre part, en me fondant sur les répartitions géographique et bathymétrique de ces limnées, ainsi que sur l'examen de tous nos mollusques profonds, j'ai prétendu, tout en les maintenant au rang d'espèces à cause de leur extrême différenciation, que leur origine était ancienne, contemporaine des premiers peuplements de nos lacs. Des recherches subséquentes étant nécessaires pour approfondir ce point, c'est avec le plus grand intérêt que j'ai reçu de M. le prof. Fuhrmann, le produit de ses dragages effectués cette année même devant Neuchâtel. Il jette, me semble-t-il, une certaine lumière sur ces questions, et c'est pourquoi il peut paraître bon d'en donner le résultat" (Ibid.).

Piaget écrit que dix L. Yungi récoltées vivantes à 50 mètres de fond devant Neuchâtel "sont actuellement élevées en aquarium et semblent prospérer, malgré le passage d'une température uniforme de 4° à une chaleur variant quotidiennement entre 1° et 27°, ce qui permettra des comparaisons avec des observations identiques faites par Forel, puis par Roszkowski" (Ibid., p. 155). Ainsi c'est dans un souci de comparaison que Piaget procède à ses premières expérimentations en aquarium. Piaget procède aussi à l'"examen de la faune littorale, quaternaire et moderne" des environs du lac de Neuchâtel. On retrouve ici l'hypothèse de Piaget que nous avons déjà mentionnée sur l'origine ancestrale des limnées. Mais l'auteur donne maintenant la même importance au deux hypothèses sur l'origine des limnées profondes et nous voyons dans les passages suivants qu'il cherche des arguments en faveur de l'une ou de l'autre :

"Que la faune actuelle descende des anciennes faunes littorales, ou qu'elle ne soit qu'une dérivation moderne des sociétés peuplant aujourd'hui nos eaux de surface, il est de toute importance de connaître les animaux de cette région superficielle, d'en étudier les variations et plus spécialement leur distribution géographique" (Ibid., p. 151).

Plus loin nous voyons que Piaget accepte cette fois la classification de Roszkowski qui donne pour souche la L. ovata aux L. profunda, Foreli et Yungi d'une part, et qui par ailleurs donne aussi pour souche la L. palustris aux L. stagnalis et abyssicola d'autre part :
"Les limnées sont représentées par quatre espèces dont deux sont devenues la souche de mollusques profonds, les Limnaea ovata et palustris. La L. stagnalis, fort commune et partant très polymorphe, a pour forme lacustre caractéristique la var. lacustris, abondante sur toutes nos rives ainsi que dans les dépôts quaternaire du Grand Marais (...) La L. palustris n'est pas proprement lacustre, ce qui fait son intérêt, du moment qu'elle a donné naissance à la L. abyssicola. Elle habite les marais (...) Elle fait défaut sur la rive de Neuchâtel, Serrières, etc., mais elle existe dans les marécages non loin de là, à Colombier, qui doivent avoir été autrefois en communication avec le lac" (Ibid.).

Mais Piaget continue à donner pour souche la L. ovata à la L. auricularia contrairement à Roszkowski qui les séparait en raison de la différence de leur appareil génital.

"La L. limosa enfin est extrêmement commune partout, sous une multitude de formes appartenant spécialement au type (= L. ovata) et aux subsp. auricularia, ampla, lagotis, petegra, etc. Or il est à remarquer que les formes lacustres - auricularia, mucronata, tumida, etc. - ne descendent pas dans les eaux profondes, sauf exceptions très rares, tandis que les Limnaea profunda, Foreli et Yungi ont pour

souche la L. ovata, principalement répandue dans les rivières et
étangs et seulement représentée dans le lac sous les formes
lacustrina (rare) et paltula (…) Ces limnées sont également
abondantes dans le quaternaire des environs" (Ibid., p. 151-152).

Rappelons encore qu'en 1911 Piaget considérait les auricularia,
ampla, lagotis, de même que l'ovata comme des variétés de Limosa
alors que dans cet article il les présente comme des sous-espèces
du type ovata se rangeant en partie à l'avis de Roszkowski.

Pour créer un lien de cohérence logique avec son ancienne
classification, Piaget explique la ressemblance externe des espèces
profondes ayant pourtant des origines différentes par des facteurs
extérieurs semblables. Ainsi il écrit "la morphologie de ces animaux
aurait parfois été ramenée à une affinité bien plus marquée que chez
les ancêtres littoraux. Mais les caractères anatomiques paraissent
avoir gardé une marque nette de leur descendance, quittes à se
modifier dans un avenir plus ou moins lointain, si les conditions
restent bonnes" (Ibid., p. 157). Piaget prend aussi en compte plus
complètement les critères internes, mais il semble faire une hiérarchie
temporelle dans le sens où tout d'abord les facteurs externes se
modifieraient, puis viendrait le tour des facteurs internes si les
conditions d'un isolement biogéographiques se maintiennent suivant
la théorie de la spéciation. En cela il est en accord avec le modèle
lamarcko-darwinien gradualiste. Ce passage donne clairement une
indication sur la façon dont Piaget conçoit le mécanisme de
l'évolution des espèces.

Il nous semble que la dissection, étant une méthode nouvelle qui n'était pas au préalable à la portée de Piaget, lui apporte une information supplémentaire qu'il intègre à son système sans rien abandonner quitte à modifier ses hypothèses antérieures. Par ailleurs, l'élevage en aquarium montre à Piaget que les critères morphologiques sont les premiers à s'adapter aux changements de milieu, ce que Roszkowski lui-même qualifie de "variation adaptative rapide". Dès lors on comprend que Piaget ne suive pas Roszkowski dans ses recommandations qui conduisent à se limiter aux seuls caractères anatomiques et stables puisque c'est d'abord la modification des critères externes et fluctuants qui signale à ses yeux une espèce en devenir.

Piaget nous dit que les limnées draguées par Fuhrmann au large de Neuchâtel appartiennent à une colonie isolée, qu'elles sont rares dans le lac de Neuchâtel. Les limnées récoltées sont soit des abyssicola provenant des palustris, soit des descendantes d'ovata, qui, dès lors, ont dû parcourir une grande distance des zones littorales aux zones abyssales où elles vivent actuellement. De plus comme on ne trouve plus la souche palustris de l'abyssicola sur la rive de Neuchâtel, mais qu'on la trouve par contre au nord-est et au sud du lac de Neuchâtel, cette distance est alors un argument pour le naturaliste allant dans le sens de son hypothèse d'une origine ancestrale : "une apparition ancienne de la faune profonde de notre lac (...) une origine remontant sans doute au premier peuplement de notre pays par la faune postglaciaire (...) Par conséquent, la genèse de l'espèce profonde est ancienne, soit qu'on admette qu'elle ait dû voyager depuis le Grand-Marais (nord-est du lac), c'est-à-dire contre le courant du lac, soit qu'elle descende des anciennes palustris de la rive neuchâteloise" (Ibid., p. 159-160). Par ailleurs nous voyons Piaget se livrer à une véritable étude historico-géographique des conditions naturelles des environs du lac de Neuchâtel pour trouver des arguments lui permettant de contrer l'hypothèse d'une migration continue de Roszkowski :

"Pour des Limnaea Yungi et Foreli, le problème est autre puisque la L. ovata est fréquente sous sa forme patula sur tout le littoral de Neuchâtel. Mais peut-on admettre chez nous une descente continue suivant l'hypothèse de M. Roszkowski? Non, puisque les recherches de M. Fuhrmann ont démontré qu'en face de la colonie de 50m entre cette station et le bord, il n'y a pas de limnées entre 25 à 30 m. (…) Il faut donc chercher ailleurs une cause de descente. M. Roszkowski a fait lui-même observer que les Limnaea ovata semblent s'acclimater mieux que les autres aux grands fonds parce qu'elles vivent volontiers près des rivières capables de les y entraîner. Rien de plus juste, ou plutôt c'est dans le fait que ces animaux habitent ces rivières elles-mêmes qu'on peut trouver l'origine de nos limnées abyssales.

Or il n'y a que deux cours d'eau du voisinage capables de précipiter des limnées dans les fonds du lac, ce sont le Seyon et l'Areuse (…) le Seyon est le seul voisin de la colonie étudiée, tandis que l'Areuse, à débit très fort et pouvant sans doute avoir des conséquences considérables, dirige tout son courant en plein lac contre "la Motte", grande colline immergée dont le sommet est à 7-8 mètres de la surface des eaux, le tout à une forte distance de Neuchâtel. Bien plus, l'embouchure de l'Areuse et la Motte elle-même sont séparées de notre point spécial d'étude par une très vaste dépression d'une profondeur de 135 m. (…) le Seyon n'est pas apte à jouer le rôle voulu, tout d'abord parce que dans tout son cours inférieur (…) il ne contient aucune limnée. En outre, depuis 1839 il passe en entrant à Neuchâtel par un tunnel et une série de chutes artificielles (…) Au contraire, l'Areuse est juste la rivière qu'il faut pour projeter des limnées dans la faune profonde du lac (…) examinons les conditions modernes de l'Areuse, qui n'ont pas changé depuis une époque fort éloignée. Durant tout son passage le long du Val-de-Travers, elle est encore peuplée d'une quantité de Limnaea ovata. A travers les gorges ces animaux font naturellement défaut par places, mais à partir de l'Usine des Clées au-dessous de Trois-Rods, à Boudry même et sans interruption jusqu'à son embouchure, l'Areuse contient des multitudes de ces ovata (…) Bien plus, son débit toujours considérable, est soumis à des variations très brusques (…)

Concluons donc: les L. Yungi et Foreli ne descendant pas des L. ovata du littoral, ne pouvant être amenées par les eaux du Seyon et des ruisseaux voisins, doivent avoir été introduits dans la faune profonde par des crues de l'Areuse, et cette origine est nécessairement fort ancienne pour que ces espèces se soient établies aussi loin de l'embouchure de cette rivière (rappelons la Motte et la grande fosse de 135 m.) et jusqu'en une station aussi isolée que celle que nous venons d'étudier" (Ibid., p. 160-162).

Piaget imagine donc que la crue qui a emporté les limnées ovata, souches des Yungi et Foreli draguées par Fuhrmann au large de Neuchâtel, est nécessairement ancienne vu le caractère isolé de la station où celles-ci ont été découvertes. D'autre part, la présence dans cette station abyssale de deux groupes de limnées, les Yungi et les Foreli d'un côté, et les abyssicola de l'autre, provenant de deux souches vivant dans des conditions de vie distinctes (l'ovata près de l'embouchure des rivières ou dans leur lit ; la palustris dans des mares marécageuses) suggère aussi une origine ancienne.

Dans "Premières recherches sur les mollusques profonds du lac de Neuchâtel" , on voit bien que Piaget commence à ne plus être principalement intéressé par l'activité de la classification et qu'il s'intéresse à des questions plus fondamentales telles que celles de l'origine spatio-temporelle des espèces ou celui du processus de l'évolution. Mais en même temps, il ne peut être que gêné par le caractère purement spéculatif de ses arguments, car en histoire, il le sait par son père, on ne peut jamais être sûr de rien. Beaucoup plus tard en 1929, ne pouvant toujours être sûr de rien, Piaget suggérera que les deux conceptions sur l'origine des limnées abyssales pourraient être vraies ensemble.

Par rapport à la première classification de 1912 il y a un changement et nous arrivons selon Piaget, en 1914, à la classification suivante:

Formes littorales	Formes profondes
L. palustris	L. abyssicola
L. stagnalis	–
id. var. lacustris	–
L. limosa type [=ovata]	L. Yungi
	L. profunda
	L. Foreli

A ce stade de sa "métamorphose" comme biologiste moderne Piaget s'intéresse davantage à comprendre les mécanismes de l'environnement naturel qui ont abouti à la situation actuelle des limnées. Les conditions du milieu sont ce qui obligent en premier les organismes à s'adapter, aussi suivre l'évolution du milieu c'est en quelque sorte suivre et comprendre l'évolution des organismes. Reste à savoir si les liens entre les changements de l'environnement et les mécanismes de la transformation des êtres vivants relèvent dans le détail de la causalité ou simplement de la corrélation.

C'est dans cette même perspective qu'il rapporte les fruits de ses observations du comportement des limnées en aquarium dans différentes conditions expérimentales dans les "Notes sur la biologie des limnées abyssales" publiées en 1914 (Biologisches Suplement VI. Serie 1914, zur Internationalen Revue der Gesamten Hydrobiologie und Hydrographie). Etant donné que le professeur Yung avait précédemment fait une communication de cet article à l'institut national genevois le 18 novembre 1913, on peut penser qu'il avait suivi et conseillé le travail expérimental de Piaget dans l'élaboration de sa première recherche en biologie. On sait par ailleurs que Yung s'efforçait de guider les jeunes biologistes vers l'étude des effets du milieu sur le développement des organismes, qu'il tenait à distinguer du problème trop longtemps confondu de l'évolution des espèces. Sans doute l'observation des limnées captive le jeune chercheur et le motive à s'informer davantage des différentes conceptions biologiques pour tenter de comprendre leurs comportements adaptatifs.

Concrètement, le 19 mai 1913 Piaget transporte chez lui et élève en aquarium des limnées Foreli draguées par Fuhrmann au large de Neuchâtel. Ces observations intègrent au fur et à mesure les progressions de sa pensée biologique pour aboutir à la nouvelle position de Piaget. Nous citons quelques passages qui nous semblent plus particulièrement révélateurs :

"Tout le monde sait que le fond de nos lacs est peuplé d'une infinité d'animaux de tous genres, qui s'adaptent tant bien que mal aux conditions biologiques très dures de ce milieu.(…) Les mollusques (…) ont en particulier à lutter contre toutes sortes de difficultés biologiques. Ce n'est que par la puissance de facteurs indépendants de leur volonté qu'ils ont été naguère précipités dans les abysses (…) Ces animaux, ainsi forcés d'émigrer, ont nécessairement dû s'adapter à leurs nouvelles conditions (…) Lorsque l'on retire de leur milieu des animaux abyssaux, ils se comportent tout différemment suivant les genres ou les espèces (…) Les quelques individus que j'ai étudié (…) appartiennent à la Limnaea Foreli Cless. et étaient fort jeunes à leur arrivée dans mes bocaux (…) On sait que les limnées sont des mollusques pulmonés, habitant nos marais, étangs, lacs et parfois rivières, venant régulièrement respirer l'air en nature, quand les conditions le leur permettent, mais pouvant fort bien passer des heures sous l'eau en fermant leur pneumostome (…) Elles savent surnager au fil de l'eau en déployant leur énorme pied, la coquille renversée, et, dès qu'il y a danger, elles se laissent tomber à pic en lâchant l'air qui les aide à flotter (…)

Voilà en quelques mots le modus vivendi de ces animaux, dans leurs conditions nécessaires. Dans la faune profonde, naturellement, tout est changé. L'obscurité et le manque de nourriture rendent l'animal minuscule et pâle (…). Elles vivent sur ou dans la vase, ce qui modifie profondément la forme du test ; leur nourriture, distribuée principalement dans cette boue, est forcément animale et leur donne des habitudes de reptation (…)

Voyons maintenant comment se comportent en aquarium des individus ramenés de ces régions profondes. Pendant les premières heures de leur captivité, mes huit exemplaires ne sont pas montés à l'air libre, ce qu'ils ont fait du reste dès le lendemain matin (…) au bout de quelque temps, un ou deux individus arrivant à la surface ont très visiblement ouvert leur pneumostome à l'air libre. Cette habitude est peu à peu entrée dans les mœurs de toute la colonie. Mais mes sujets sont loin de retourner fréquemment hors de l'eau et je n'ai pas observé de ces stations prolongées en dehors du liquide, si fréquente chez toutes les limnées littorales en aquarium (…)

D'autre part, j'ai observé une coutume curieuse qu'ils ont prise, avec un but ou non. J'ai remarqué que des individus enfouis dans la vase (…) laissaient, après leur départ, des places vides, remplies de bulles d'air (…) Quelques temps après, on pouvait voir des limnées revenir aux mêmes endroits, juste dans ces réservoirs souterrains. Y aurait-il ici un soin instinctif de conservation, ou cette circonstance est-elle purement fortuite ? (…) Tout ce que je puis rapporter, c'est que mes limnées plongées depuis une heure dans une obscurité complète déployaient leur activité comme si de rien n'était ; mises subitement en présence d'une vive lumière, elles n'ont donné aucun signe d'étonnement (…)

Le fait de la respiration aérienne a pour conséquence de donner à mes limnées la possibilité de surnager au fil de l'eau, en gonflant la chambre pulmonaire. Elles ne l'ont pas fait tout de suite, mais ont appris instinctivement à se déplacer ainsi, dès la première tentative. (…) Elles paraissent même affligées d'un maladresse assez grande (…) Les limnées littorales en aquarium sont loin d'être aussi peu stables (…) Ces faits (…) montrent une inaptitude, bien naturelle du reste, à se mouvoir ailleurs que dans la vase. Mais l'habitude leur vient rapidement et, au bout d'un mois, elles mettent plus de vivacité et d'habileté (…) quoiqu'elles ne soient jamais bien agiles. La nouvelle génération paraîtra plus sûre d'elle-même (…)

On aurait pu s'attendre à ce que, par l'élevage, mes sujets arrivent à une taille assez forte, résultant du milieu meilleur (…) Mais il n'en est rien, ces individus n'ayant pas dépassé la grandeur moyenne de la Limnaea Foreli. Il faut du reste dire qu'elles paraissent manger très peu, consacrant à cette occupation un temps infiniment moindre que leurs congénères littoraux en pareilles conditions. Elles déploient au contraire, une grande activité pour la reproduction" (1914c, p. 1-9).

En résumé l'auteur nous dit que c'est le hasard qui jette les limnées dans des changements de milieux, elles doivent s'adapter et le font très différemment suivant les genres ou les espèces. La nécessité les pousse à changer leurs habitudes mais, par exemple, en aquarium les limnées abyssales viennent bien moins souvent à la surface pour respirer que les limnées littorales dans les mêmes conditions. Piaget décrit classiquement et avec une grande précision les différents mécanismes des grandes fonctions comme la respiration, la locomotion, la nutrition et la reproduction. Par ailleurs, il s'interroge sans prendre position sur l'intentionnalité des comportements observés. La notion d'habitude contribue fortement à l'idée que le jeune Piaget se fait du processus de l'adaptation biologique des espèces, notion qui semble faire le pendant de celle d'instinct comme si pour ces formes primitives l'acquis était très proche de l'inné. Comme on le retrouvera plus tard dans la théorie du stade sensorimoteur, l'habitude fait suite à l'apprentissage instinctif, réflexe et s'en distingue par l'intentionnalité.

Certains événements nous semblent particulièrement intéressants que Ducret rapporte de manière vivante dans le passage suivant : "C'est donc le 19 mai 1913 que le jeune biologiste transporte chez lui et place en aquarium les limnées Foreli reçues du Professeur Fuhrmann. Dès le 21 juin, ces limnées se mettent à pondre des œufs. De ces pontes naissent (…) quelques individus. Mais le 17 juillet 1913, le jeune Piaget s'absente pour un voyage (…). Qu'à cela ne tienne, il emporte avec lui un bocal dans lequel ont été placés quelques spécimens nés deux jours auparavant. Or ce bocal a la particularité de ne pas avoir de vase en son fond, ce qui place ses habitants dans une situation plutôt analogue aux limnées du littoral. Quel est le résultat de cette situation ? Il confirme celui observé par Roszkowski. Comme l'affirme notre auteur : "l'absence complète de vase (…) a permis ainsi aux limnées de prendre des habitudes littorales et a donné à la coquille une forme tendant passablement vers celle de la L. limosa type, c'est-à-dire de l'espèce ancestrale (soit la L. ovata)"(p. 11) ; et un peu plus loin : "l'important est de constater le retour au type primitif, fait qui peut avoir la plus haute importance philosophique" (p. 12)" (Ducret, 1984, p. 154-155).

Ce passage ne fait que relater la confirmation expérimentale de la filiation des L. Foreli avec les L. ovata via la forme actuelle des L. limosa, sans pour autant que Piaget abandonne son hypothèse d'une origine ancestrale puisque le retour à la forme type n'est pas complet. On voit en outre l'importance indéniable du milieu dans la transformation, dans le retour rapide au type littoral des limnées abyssales élevées dans certaines conditions. Mais cette "variation adaptative rapide", pour emprunter les termes de Roszkowski, comme nous l'avons déjà vu, entre parfaitement dans le modèle lamarcko-darwinien de Piaget. Nous aimerions souligner dans la citation même de Piaget l'importance que revêtent les termes "fait qui peut avoir la plus haute importance philosophique", car à notre sens c'est le fil conducteur qui a dirigé toute l'œuvre de l'auteur. En effet, il nous semble que toute sa vie il a cherché des faits qui supportent le cadre dans lequel il conçoit, et l'évolution phylogénétique, et le développement ontogénétique. Ce qui fera dire bien plus tard au logicien Apostel : "Un fait qui n'est qu'un fait ne l'intéresse pas, mais un fait qui pourrait avoir une importance théorique, tout de suite ça le fascine, l'émerveille !" lors d'une émission tournée en 1979, retraçant l'œuvre et la vie de Piaget.

Dans le long passage suivant de "Notes sur la biologie des limnées abyssales", Piaget discute pour la première fois une conception théorique de biologie moderne en l'occurrence la conception néo-darwinienne, qu'il appelle "mendélienne", de l'espèce et de l'évolution :

"On sait que suivant certains biologistes modernes, de l'école mendélienne, il existerait une différence fondamentale entre les variations fluctuantes et les variations héréditaires, les premières n'étant produites que par l'intensité de tel ou tel facteur déjà existant et les secondes étant déterminées par l'apparition d'un nouveau facteur. Les premières correspondraient aux variétés et les secondes seraient l'explication de la genèse des espèces.

Il est possible que cette théorie ait une part de vérité et peut-être même une grande, cependant il est probable qu'elle n'est pas entièrement satisfaisante. Tout d'abord, elle tend à se rapprocher de ces doctrines mécanicistes radicales si bien critiquées de nos jours, et elle y tend non pas par le rôle donné à l'apparition des facteurs, mais par la distinction absolue entre variations fluctuantes et héréditaires. Comment expliquer alors le cas de ces crustacés, qui, en eaux profondes, ont perdu depuis des siècles leur organe visuel, et le retrouve sitôt après leur introduction en aquarium, au bout de quelques générations ? Tout se passe comme si l'apparition du nouveau facteur, à savoir l'obscurité en eaux abyssales, avait provoqué une variation héréditaire tant qu'agit le facteur. Mais la suppression du facteur supprime également l'hérédité. L'œil se retrouve ce qu'il était auparavant, avec la même structure et la même faculté. (…)

Mais nous ne voulons pas discuter la théorie elle-même, contentons-nous d'y rapporter le cas de ces limnées abyssales revenues à leur type primitif. On a pu en conclure que ce ne sont là que des variations fluctuantes des formes littorales correspondantes. Mais cette conception ne résulte que de l'application de la théorie mendélienne, et, dans la pratique, rien n'empêcherait de faire des limnées abyssales de bonnes espèces, caractérisées par nombre de particularités, héréditaires en eaux profondes. Y a-t-il des raisons de penser ainsi ? Faut-il considérer la loi en question comme absolue ? Ces questions sont bien insolubles, étant donné le manque de points de comparaison. Si nous connaissions les facteurs ayant provoqué la formation des espèces ordinaires aussi bien que ceux du cas particulier, nous pourrions faire des expériences analogues. Qui nous empêchera de croire qu'en connaissant ces conditions nous pourrions ramener les formes à leur type ancestral et considérer comme variations fluctuantes les espèces les plus héréditaires en apparence ?

En outre, les espèces profondes sont très jeunes. On ne peut les faire remonter qu'au retrait des glaciers, en Suisse, tandis que les limnées littorales datent des premières périodes pléistocènes. Ce n'est qu'à la longue que les adaptations naissantes de la faune profonde subalpine deviendront héréditaires même en surface, comme au lac Baïkal, par exemple. (…)

Les Tachea sylvatica et austriaca ne sont certes pas à confondre et personne n'affirmera que ce sont des variations fluctuantes. Cependant, il n'y pas si longtemps que ces animaux, récemment immigrés d'Asie, se confondaient plus ou moins entre eux, et un peu partout. Germain a retrouvé, dans des dépôts quaternaires français des formes absolument asiatiques et qu'il serait fort difficile de départager en sylvatica et austriaca. Pourtant ces formes, l'une chez nous, l'autre en Autriche, sont devenues de fort bonnes espèces. Mais, pendant leur formation, il y a tout à parier que des individus autrichiens auraient donné ici des sylvatica et vice versa, sans aucune hérédité absolue.

Au reste, y a-t-il quelque part des facteurs nouveaux ? Pourquoi se sont formées deux Tachea, une en Autriche et une en France, alors que nombre de mollusques habitent ces deux pays à la fois, sans être différenciées, et en particulier les autres Tachea, hortensis et nemoralis ?

Je crois, dans ces cas-là, la loi mendélienne un peu simpliste, spécialement dans le nôtre. On se représente mal le nouveau facteur donnant une nouvelle espèce héréditaire d'un moment à l'autre, alors que des limnées littorales n'arriveraient en eaux profondes qu'à produire des variations fluctuantes. Si la transformation n'est pas immédiate, la distinction entre variations fluctuantes et héréditaires tombe évidemment, et les bonnes espèces commenceront toujours par n'être héréditaires que dans leur milieu, susceptibles d'être ramenées à tel type déjà existant, si on les transporte ailleurs. La durée seule aura un réel effet. En outre, ce ne sont pas les facteurs qui doivent être nouveaux, mais l'ensemble de ces facteurs, leur relation, leur synthèse. En d'autres termes, une nouvelle espèce n'est pas dès son début caractérisée par ses propriétés, ses caractères acquis, mais par ses tendances, comme l'ont fait remarquer plus d'un philosophe.

Il existe en ichtyologie un cas très frappant à cet égard. C'est celui que nous fournit le genre Atherina, marin et d'eau douce. Deux espèces marines, les Atherina Boyeri et Hepsetus ont donné respectivement les A. Riqueti et lacustris, l'un dans le midi de la France et l'autre dans les lacs italiens du Nord, qui étaient à l'époque miocène des bras de mer. Ce n'est aussi que par une évolution lente que ces espèces lacustres se sont peu à peu différenciées et non pas par une changement brusque résultant de l'évolution du milieu ambiant. Du reste, toutes les faunes marines reléguées de Scandinavie, d'Allemagne, d'Afrique, etc. nous offrent des exemples semblables. Ces faits sont très suggestifs pour le cas des limnées abyssales.

En conclusion, je crois que ces formes profondes peuvent être considérées comme de bonnes espèces, vu leur démarcation nette d'avec les limnées sublittorales et littorales. Mais elles sont encore en pleine période de formation, leur évolution étant en outre retardée par le peu de variations du milieu ambiant" (1914c, p. 12-14).

On voit que Piaget critique la distinction absolue qui est faite entre les variations fluctuantes et héréditaires, essentiellement parce qu'il garde une conception gradualiste de l'évolution puisqu'il voit "en pratique" se produire des transformations lors d'un changement d'environnement, sous l'effet des "facteurs du milieu". Et comme nous le dit l'auteur : "la durée seule aura un réel effet". Il semble que pour Piaget, un changement de facteurs environnementaux suffisamment important entraîne d'abord une variation selon une certaine "tendance" au sein de l'espèce. Dans un premier temps il ne s'agit que de variations fluctuantes en ce sens que, mises dans leur ancien environnement, les limnées retrouvent leur forme type. Dans un deuxième temps, si l'intensité du changement de milieu et la durée d'isolement sont suffisantes, ces caractères fluctuants s'installent définitivement, sont héréditairement acquis. C'est la fin du processus de spéciation.

On retrouve cette vision d'un transformisme gradualiste chez Darwin qui, comme Piaget, faisait une confusion entre variations et variétés. Aussi bien dans les termes choisis que par le contenu, on sent l'influence de diverses lectures. L'exemple de l'apparition de l'œil est classiquement celui que choisissent les gradualistes pour contrer la théorie mutationniste. En effet, comment un organe aussi complexe pourrait apparaître conséquemment à une seule mutation et si l'on envisage qu'il apparaisse en plusieurs mutations, comment expliquer qu'un organe non-abouti et donc inutile soit conservé d'une mutation à l'autre. Nous pouvons encore percevoir l'influence de A. Fouillée qui a certainement fourni la notion de "tendance" à notre auteur et celle de Rabaud qui dans son ouvrage "Le transformisme et l'expérience" fait intervenir la durée et l'intensité du facteur extérieur pour expliquer qu'une variation individuelle puisse tenir plusieurs générations.

L'influence de "L'évolution créatrice" transparaît dans la manière dont Piaget conçoit l'espèce dès le début du processus de spéciation, puisqu'en cela il est en accord avec la conception bergsonienne de la vie et de l'évolution en perpétuel devenir. Toute tentative d'analyser par un découpage arbitraire cet "élan vital" ne peut qu'aboutir à un échec puisque détruisant dans le même temps le phénomène vivant qu'elle veut analyser. C'est dans ce sens que Piaget parle "de ces doctrines mécanicistes radicales si bien critiquées de nos jours" et encore plus loin il nous dit : "une nouvelle espèce n'est pas dès son début caractérisées par ses propriétés, ses caractères acquis, mais par ses tendances, comme l'ont fait remarquer plus d'un philosophe". Ce philosophe, Bergson, cherche à travers sa thèse d'un "élan vital créateur" à mettre en évidence un facteur interne de différenciation à l'origine des formes vivantes ou "cause psychologique". On retrouve ce dernier terme quand Piaget, dans un prochain article, va commencer à nous décrire le processus de spéciation des faunes reléguées : "prenons le phénomène au moment psychologique, c'est-à-dire à sa formation" (1914b, p. 330).

Pour Piaget à cette époque, ce qui ressort au premier plan c'est l'influence du milieu. Aussi, c'est à travers cette donnée qu'il interprète le terme de "facteur" chez les néo-darwiniens comme étant un facteur du milieu. La sélection naturelle n'étant alors que le couperet qui viendrait sanctionner le défaut d'adaptation, d'où l'accusation de théories mécanicistes. Souvent dans la littérature, les variations fluctuantes ou héréditaires se rapportent à des caractères apparemment visibles, aussi Piaget semble ne pas imaginer de variation qui n'ait pas de répercussion sur l'apparence phénotypique, d'autant qu'un changement quelconque entraîne la nécessité d'une nouvelle synthèse globale de l'organisme. Or l'aspect extérieur directement en contact avec le milieu est le premier à se transformer selon la vision de Piaget et aussi selon celle de Roszkowski comme elle apparaît dans leurs échanges. Accordant aux facteurs extérieurs le primat sur les facteurs intérieurs, en aucun cas il n'est question de déterminants internes qui feraient varier cette apparence de sorte qu'elle soit comme "pré-adaptée" au changement de milieu. Ces différents éléments peuvent expliquer l'erreur d'interprétation du terme "facteur" par Piaget, puisque la transformation des formes vivantes ne serait redevable qu'aux changements de circonstances extérieures.

Si effectivement l'enjeu du débat entre Piaget et Roszkowski concerne le statut de l'espèce relativement au choix des critères fluctuants ou héréditaires entraînant une reformulation de la classification, ils semblent néanmoins d'accord sur les processus de spéciation. Le premier accorderait le statut dès le début du processus à l'espèce en devenir, le second semble ne l'accorder qu'une fois le processus terminé.

Par ailleurs, dans le passage précédent, un lien est établi entre les notions d'espèce et d'hérédité qui lie la résolution du statut de l'espèce à un modèle de l'évolution. Les partisans du néo-darwinisme affirment l'existence d'une hérédité absolue, sans rapport avec les variations fluctuantes dues aux circonstances du milieu qui agit sur le développement des organismes. Concrètement, par un exemple, Piaget leur oppose "le cas de ces crustacés, qui, en eaux profondes, ont perdu depuis des siècles leur organe visuel, et le retrouvent sitôt après leur introduction en aquarium, au bout de quelques générations (…) Tout se passe comme si l'apparition du nouveau facteur, savoir l'obscurité en eaux abyssales, avait provoqué une variation héréditaire tant qu'agit le facteur". Ces considérations suffisent à montrer que Piaget a rejoint la conception affirmée par Forel qui, confronté au problème du statut de l'espèce, avait décidé de qualifier d'espèces les formes stabilisées après un nombre indéfini de générations des organismes placés dans un milieu constant. Cependant, Piaget se doit d'intégrer les faits montrant que certaines formes stabilisées dans un certain milieu retournent rapidement (suivant une "variation adaptative rapide" dans les termes de Roszkowski), au bout de quelques générations, au type dont elles sont issues quand on les élève dans les conditions de vie de ce type, alors que pour d'autres formes, on n'observe pas un tel retour. Il donne aussi un exemple de cette différence avec les limnées des lacs subalpins et celles du lac Baïkal, les dernières conservant la forme abyssale, alors même qu'elles vivent dans des conditions littorales. C'est à partir de ces phénomènes observés que Piaget élaborera beaucoup plus tard sa théorie de la phénocopie. Piaget en vient finalement à distinguer deux types d'hérédité, en continuité l'un avec l'autre: l'hérédité absolue, "mendélienne", et une hérédité partielle, ne fonctionnant qu'à condition que les facteurs extérieurs, qui induisent les transformations, continuent à agir, et qui se perd, au contraire, au bout de quelques générations si ces facteurs disparaissent. Il explique le passage de l'une à l'autre en invoquant l'intensité des changements du milieu et leur durée. C'est ainsi que les limnées abyssales du lac Baïkal conservent leurs caractères spécifiques même en surface, alors que les limnées des lacs subalpins, dont le peuplement par la faune littorale est plus tardif, les perdent en peu de générations.

En définitive nous voyons que pour accéder à une vision moderne de l'évolution il manque à Piaget la connaissance des lois de Mendel permettant la prise en compte des déterminants internes dans une optique populationniste, c'est-à-dire qui fait intervenir le milieu comme facteur de sélection différentielle.

La Riposte Critique du Jeune Piaget à "l'Espèce Mendélienne"

"L'espèce mendélienne a-t-elle une valeur absolue ?" (Zoologischer Anzeiger, Leipzig, 1914, 44, p. 328-331) est le titre de l'article que Piaget rédige en riposte aux critiques de Roszkowski que nous avons précédemment examinées (cf. "A propos des limnées de la faune profonde du lac Léman"). Il y reprend dans les grandes lignes ses "Notes sur la biologie des limnées abyssales", en développant quelques exemples nouveaux. Accordant toujours aux facteurs extérieurs le primat sur les facteurs intérieurs, Piaget continue de percevoir les transformations comme déterminées par des facteurs du milieu et de ce fait ne peut accéder à la compréhension du déterminant interne héréditaire tel que postulé par la théorie mendélienne. Ainsi il résume les résultats de l'école mendélienne par le fait qu'il "existerait une différence fondamentale entre les variations héréditaires et les variations dites fluctuantes. Les premières seraient déterminées par l'apparition d'un facteur nouveau dans l'habitat spécifique, alors que les secondes ne seraient le résultat que de l'intensité des facteurs déjà existants" (1914b, p. 328). En fait, ce passage de l'article de Piaget reprend les explications que Roszkowski lui donne dans une lettre du 23 mai 1913 (que F. Vidal a retrouvée aux Archives Piaget) à la différence près que le doctorant parle de "facteur génétique" que Piaget assimile à "facteur environnemental" de par son ignorance de toute notion génétique. Nous pouvons voir dans une note faisant référence au titre de l'article qu'en aucun cas il ne se réfère à un déterminant interne : "Je n'emploie le terme d' "espèce mendélienne" que pour abréger et pour parler de la notion spécifique qu'on établit certains biologistes en se basant sur la loi de Mendel, retrouvée récemment. On sait qu'on a tiré de cette loi, en somme assez restreinte, toute une théorie sur les variations héréditaires, qui a précisément amené cette révision du problème de l'espèce" (Ibid.). Et plus loin de même, quand il définit l'espèce mendélienne qui "est donc l'ensemble des individus présentant le ou les mêmes caractères héréditaires - subsistant dans tous les milieux - et se reconnaît le plus facilement par les expériences de croisement, etc. Tel est le critère de M. Roszkowski et à ce point de vue il a parfaitement raison : les limnées profondes du Léman ne sont que des variations fluctuantes des espèces littorales" (Ibid., p. 329). Pour Piaget, l'école mendélienne dit "que sont spécifiques les seuls caractères fournis par l'apparition d'un facteur nouveau, ce qui implique une transformation brusque" et rend "incompréhensibles les intermédiaires s'échelonnant sur quelques milliers d'années" (Ibid.). Ce qui s'oppose ici c'est une vision de l'évolution continue ou discontinue d'autant que nous avons vu précédemment que les intermédiaires permettaient à Piaget de voir une continuité d'une espèce à une autre. Cette position l'a d'ailleurs amené à considérer la classification d'un point de vue nominaliste. Comme Roszkowski conçoit que le changement de milieu ne peut entraîner qu'une variation fluctuante, et que Piaget n'entrevoit de prime abord qu'un changement de milieu comme déterminant d'une transformation, il en vient à affirmer que la généralisation du point de vue de Roszkowski sur la taxonomie des limnées abyssales conduirait à n'avoir "plus guère que des variations fluctuantes dans la nature !" (Ibid., p. 330). Aussi va-t-il s'efforcer de présenter des exceptions "aux lois de l'espèce mendélienne" argumentant qu'un changement de milieu peut effectivement entraîner l'apparition de caractères héréditaires au sens où il persiste dans tous les milieux, "qui n'étaient que des variétés fluctuantes au temps des invasions glaciaires et encore longtemps après, et qui sont actuellement si stables que leurs hybrides ne sont pas féconds" :

"Il s'agit de l'ensemble des faunules différentes connues sous le nom de faunes reléguées (...) Prenons le phénomène au moment psychologique, c'est-à-dire à sa formation (…) Il se produit dans des grands étangs progressivement séparés de la mer des formes d'eau saumâtre, qui se différencient peu à peu des espèces correspondantes marines. Ce sont là évidemment des variétés fluctuantes suivant l'école mendélienne, puisque, si la jonction se refait avec la mer, le type ancestral réapparaît tout de suite par croisement (j'ai observé le fait en Bretagne). Mais, si l'étang saumâtre reste autonome et qu'il se convertisse peu à peu (j'insiste sur le "peu à peu" qui est la négation de la différence fondamentale entre variations héréditaires et variations fluctuantes) en lac d'eau douce, sa faune évolue lentement, comme le montre la paléontologie, et donne des espèces absolument authentiques et héréditaires (…) On le voit, les faunes reléguées font exception en grand aux lois de l'espèce mendélienne.

Cela est encore plus frappant dans le cas des faunes insulaires, qui sont devenues à la longue absolument autonomes. Ici encore, à la période de formation, aucune des variétés qui constituèrent plus tard des espèces et des genres reconnus par tout le monde, aucune de ces variétés n'était héréditaire (au sens mendélien) mais bien toutes fluctuantes. Il n'y avait en effet aucun facteur nouveau dans la péninsule devenant une île complète (…) Qu'est-ce à dire, sinon que l'isolement est un facteur plus important que l'hérédité (mendélienne) et qu'encore ici notre loi pêche ?

Plus près de nous, les faunes cavernicoles sont encore des exemples bien concluants. Suivant l'école mendélienne, une grotte constituerait ou bien un ensemble de facteurs nouveaux et toutes les formes apparaissant dans le milieu donneraient invariablement des espèces nouvelles ; ou bien, au contraire, ces conditions n'offrant en somme qu'une plus grande intensité de facteurs existants, les formes spéléicoles ne seraient que des variétés fluctuantes. Par malheur, on trouve dans les grottes, d'une part, des formes très différenciées spécifiquement et même génériquement (…) et, d'autre part, des variétés secondaires comme certains limnéens (…). Ne serait-ce pas de nouveau l'isolement plus ou moins considérable des grottes, qui produit, tout comme dans la formation des faunes reléguées et insulaires, des variations d'abord fluctuantes puis héréditaires et même génériquement distinctes ? Cela saute aux yeux. Cet exemple nous amène au cas en litige, c'est-à-dire à celui des faunes profondes. Ici encore, on constate des espèces qui, au point de vue mendélien, sont des variations fluctuantes (M. Roszkowski l'a fort bien montré pour nos limnées) et des formes très caractéristiques (…) des faunes profondes du lac Baïkal (…) Y a-t-il des différences qualitatives entre les faunes abyssales de ces derniers lacs par rapport à leur faune littorale et les faunes profondes de nos lacs Suisses, par rapport à notre faune littorale ? Évidemment pas, mais les premiers lacs sont beaucoup plus anciens que les nôtres et, ici encore, l'isolement progressif joue son rôle capital.

Voici donc quelques matériaux qui me semblent suffisamment prouver que l'espèce mendélienne n'a rien d'absolu et se laisse, dans certains cas, ramener à une simple espèce physiologique ou mixiologique.

Par quelle autorité et au nom de quels critères serais-je donc forcé de modifier ma taxonomie ? Je n'en vois point et crois même m'être justifié.

Les expériences de M. Roszkowski sont évidemment très concluantes, mais elles sont effectuées en dehors du milieu naturel des limnées profondes. Or, nous avons vu dans tous nos exemples le rôle de l'isolement, rôle considérable jadis mis en lumière par Moritz Wagner. C'est sur ce critère qu'il faut se baser quand l'école mendélienne est en défaut. On constate en effet que, tant que les limnées abyssales restent isolées des formes littorales, elles peuvent être considérées comme spécifiquement différentes. Cet isolement est dû naturellement aux distributions bathymétriques distinctes empêchant les croisements et aussi au fait que les périodes de reproduction sont différentes chez les espèces de surface et les espèces profondes.

Si ces facteurs restent tels quels, il est permis de prévoir qu'un jour les limnées en litige, déjà fort stables dans leur ambiance, seront héréditaires même sorties de leur milieu, c'est-à-dire acquerront le caractère fondamentale de l'espèce mendélienne" (Ibid., p. 330-331).

Dans ce texte nous percevons davantage l'optique essentialiste à travers laquelle Piaget conçoit l'espèce comme un type autour duquel gravitent des variations. Ces variations elles-mêmes sont à comprendre comme un écart par rapport au type, résultant de la nécessité d'adaptation du milieu. Nous trouvons dans ce passage une illustration de ce que nous avions précédemment signalé dans l'expression "aucune de ces variétés n'était héréditaire", à savoir que Piaget, comme Darwin, confond le concept de variation avec celui de variété que nous allons maintenant définir. Au sens de la biologie moderne, l'espèce se définit par un ensemble de caractères héréditaires commun à un groupe de populations qui ont le potentiel de s'accoupler dans la nature. La variété correspond à un niveau de classification aussi appelé taxum. Ainsi nous avons de haut en bas : le règne, …, la classe, …, le groupe, l'ordre, …, la famille, …, le genre, l'espèce, la sous-espèce, la variété et la forme. Au niveau de la variété on range des individus à part entière ayant en commun un caractère héréditaire distinctif par rapport aux autres membres de l'espèce. Le terme de variété concerne donc des individus, alors que le terme variation, lui, concerne la diversité génétique au sein d'une population. Donnons un exemple simplifié : au début de l'industrialisation dans le nord de l'Angleterre il existait une espèce de papillons présentant deux variétés, une blanche et une noire. Les noirs étaient relativement peu nombreux car très repérables par les prédateurs dans leur habitat naturel que constituait l'écorce blanche du bouleau. Avec la pollution les proportions se sont inversées car cette fois les blancs étaient beaucoup plus repérables sur l'écorce noircie. On a donc bien eu une variation au sein de l'espèce puisque les deux variétés ont changé de proportion. Ainsi, si au départ on a dix papillons dont huit blancs et deux noirs cette situation étant le résultat de la sélection naturelle dans l'environnement ; à l'arrivée, la sélection naturelle ne favorise plus les mêmes individus (pour les raisons que nous avons vues) et on se retrouve avec toujours dix papillons, mais huit noirs pour deux blancs. Ici il y a donc bien variation, mais un caractère héréditaire blanc ne transformera jamais en un caractère héréditaire noir, et nous n'avons donc pas une variété avec des caractères fluctuants au travers des générations. C'est le groupe qui évolue et pas l'individu et encore moins un caractère héréditaire. Pour distinguer les deux concepts il faut bien évidemment avoir une optique populationniste en regard de l'espèce.

Darwin lui-même n'est pas seulement sélectionniste puisque tout en accordant, au début en tout cas de l'élaboration de sa théorie, la priorité au rôle de la sélection naturelle, il admet aussi l'existence des variations héréditaires provoquées par l'usage et le non-usage d'un organe. Autrement dit, il reconnaît l'hérédité de l'acquis, soit la thèse de Lamarck, et comme nous l'avons précédemment vu, il accentue même cette position vers la fin de sa vie.

Aussi le néo-Lamarckisme qui suit de près en France l'apparition du darwinisme peut-il être considéré comme une synthèse lamarcko-darwinienne en ce sens qu'il accepte à la fois la théorie de l'évolution de Lamarck et la théorie de la sélection naturelle selon Darwin. Cette acceptation mutuelle, paradoxale à nos yeux du fait qu'on oppose ces théories aujourd'hui, tient au fait que dans les deux cas la perspective restait gradualiste. En effet, Darwin n'envisage que de petites mutations sur des caractères quantitatifs, comme la longueur des poils, dont la valeur adaptative permet aux individus les possédant d'être favorisés par la sélection naturelle.

Par ailleurs, l'auteur de "L'origine des espèces" attache aussi un rôle central à la théorie de la spéciation, c'est-à-dire à la nécessité d'un isolement biogéographique sur une très longue période du reste de la population. On retrouve cela chez Piaget puisque dans le cas des limnées abyssales, il pense que, du moment où elles sont isolées des faunes sublittorale et littorale, elles peuvent être considérées comme de bonnes espèces. Dans cette optique, tant que les limnées abyssales sont isolées des formes de limnées littorales, elles peuvent être considérées comme des espèces différentes. C'est pourquoi il critique les expériences de Roszkowski puisque "elles sont effectuées en dehors du milieu naturel des limnées profondes. Or nous avons vu (…) le rôle de l'isolement, rôle considérable" tel que "si ces facteurs (d'isolement géographique) restent tels quels il est permis de prévoir qu'un jour les Limnées en litige, déjà fort stables dans leur ambiance, seront héréditaires même sorties de leur milieu, c'est-à-dire acquerront le caractère fondamental de l'espèce mendélienne" (Ibid., p. 331).

Avec la redécouverte des lois de Mendel en 1900, la mutation envisagée concerne des caractères non plus quantitatifs comme ceux qu'envisage Darwin, mais qualitatifs à l'exemple de la couleur des fleurs de pois. L'enjeu entre les lamarcko-darwinistes et les néo-darwiniens est alors la perspective dans laquelle est comprise l'évolution : soit graduelle et continue pour les premiers, soit mutationniste et discontinue pour les seconds. Piaget se range bien évidemment parmi les premiers, d'autant qu'il n'a aucune connaissance à cette époque des premières découvertes sur les déterminants héréditaires internes. Le botaniste Hugo De Vries, un de ceux qui permit la redécouverte des lois de Mendel établit une théorie selon laquelle les espèces apparaissaient périodiquement lors de variations discontinues, c'est-à-dire de mutations au sens moderne du terme et non pas au sens de transformation comme employée par les naturalistes, dont Piaget. Ces mutations ne sont pas à ranger dans la variabilité normale que peut présenter l'organisme d'autant qu'elles sont stables dès le départ. Cette théorie fonde la distinction entre les espèces définies par des caractères strictement héréditaires et des variétés définies par des caractères fluctuants. Distinction sur laquelle Roszkowski s'appuie pour élaborer sa taxonomie. Ce qui montre qu'il interprète les lois de Mendel comme des lois de variation discontinue rendant alors plausible le mutationnisme.

"On peut dire alors qu'à un niveau théorique et méthodologique, le débat entre Piaget et Roszkowski correspond à la controverse entre les naturalistes (biométriciens) qui prône l'évolution continue, et les expérimentalistes (mendéliens) qui eux prônent l'évolution discontinue" (Vidal, 1988, p. 240).

La position de Piaget quant à elle n'exclut rien. Comme Darwin, il considère deux phénomènes pouvant aboutir à l'apparition d'une nouvelle espèce : en premier lieu une spéciation gradualiste qui nécessite l'isolement et la durée, en second lieu l'apparition soudaine, la mutation. Mais la différence tient au fait que Piaget se réfère toujours seulement à des facteurs externes, c'est-à-dire à des changements du milieu. Aussi explique-t-il la transformation graduelle comme liée à la variation de l'intensité des facteurs existants tandis que la transformation soudaine serait due à l'apparition d'un ensemble de nouveaux facteurs. De plus, la transformation graduelle, comme nous l'avons déjà vu, passe par des stades de stabilisation des caractères dont l'aboutissement est l'hérédité des caractères quelque soit le milieu. La phrase suivante explicite parfaitement ce point de vue : "Suivant l'école mendélienne, une grotte constituerait ou bien un ensemble de facteurs nouveaux et toutes les formes apparaissant dans le milieu donneraient invariablement des espèces nouvelles ; ou bien, au contraire, ces conditions n'offrant en somme qu'une plus grande intensité de facteurs existants, les formes spéléicoles ne seraient que des variétés fluctuantes". Le titre de l'article est aussi une illustration de ce point de vue, car il ne s'agit pas de rejeter la perspective mendélienne puisque Piaget nous dit lui-même qu'"elle contient certainement une grande part de la vérité" (cf. "La notion d'espèce suivant l'école mendélienne", présentée le 4 décembre 1913 au Club des Amis de la Nature), mais qu'il ne s'agit pas de considérer cette loi comme absolue. Pour Piaget, le terme de mutation équivaut à une transformation soudaine sous l'effet de l'apparition de facteurs nouveaux dans le milieu, alors que Darwin conçoit la mutation comme l'apparition fortuite de nouveaux caractères héréditaires internes. Et c'est la population et non ses membres qui évolue suite à l'influence de la sélection naturelle qui modifie les proportions des phénotypes dans le groupe. Mais comme Piaget a un point de vue purement typologique, il ne peut accéder au concept de sélection naturelle qui, étant une sélection différentielle, agit sur les individus en influant sur leur survie et leur reproduction. Il faut dire qu'avec "L'origine des espèces" Darwin a convaincu la plupart des biologistes que les espèces résultent de l'évolution, mais il n'a pas réussi à leur faire accepter que la sélection naturelle soit le mécanisme de l'évolution. Il lui a manqué pour cela une théorie de la génétique qui aurait rendu compte de variations dues au hasard tout en expliquant la précision avec laquelle les caractères des parents sont transmis à leur progéniture. La théorie de la sélection naturelle repose sur une prémisse en apparence paradoxale : les descendants ressemblent aux parents mais ils ne leur sont pas identiques. Darwin avait observé cette bizarrerie de l'hérédité mais ne pouvait pas l'expliquer. Bien qu'il fût contemporain de Gregor Mendel, les découvertes de ce dernier lui restèrent inconnues et pendant longtemps apparemment personne n'avait remarqué qu'il avait élucidé les principes de l'hérédité qui auraient pu résoudre le paradoxe de Darwin et rendre la sélection naturelle crédible.

Lorsqu'on redécouvrit les travaux de Mendel au début du 20ème siècle, beaucoup de biologistes crurent que les lois de l'hérédité se trouvaient en contradiction avec la théorie de la sélection naturelle. En effet, Darwin prétendait que les matières premières de la sélection naturelle étaient les caractères qui varient de manière continue dans une population telle que la longueur des poils de mammifères ou la vitesse à laquelle une proie fuit ses prédateurs. Nous savons aujourd'hui que ces caractères quantitatifs sont déterminés par de multiples loci, mais Mendel et les biologistes du début du siècle estimaient que seuls les caractères discontinus, c'est-à-dire qualitatifs et mutuellement exclusifs, comme la couleur violette ou blanche des fleurs de pois, étaient héréditaires. Par conséquent, la génétique à ce stade n'apportait aucune explication à l'action de la sélection naturelle sur les variations imperceptibles autour desquelles s'articulait la théorie de Darwin. Elle semblait même s'y opposer puisqu'une hypothèse en vogue soutenait que l'évolution résultait de mutations modifiant radicalement et soudainement le phénotype. Cette notion de saut s'opposait diamétralement à la vision darwinienne d'une évolution graduelle due à l'action de la sélection sur des variations continues et quantitatives. A l'époque aussi, beaucoup de scientifiques se rangeaient à l'idée de l'orthogenèse, la théorie voulant que l'évolution suive une progression prévisible vers des formes de plus en plus perfectionnées. Cette notion d'une évolution prédéterminée, liée à la théorie lamarckienne, s'opposait à l'optique mécaniste, non-finaliste de Darwin pour qui l'évolution reposait simplement sur l'inégalité du succès reproductif. Il faudra attendre la naissance de la génétique des populations pour que soit révélée l'étendue de la variation génétique au sein des populations et que l'on reconnaisse l'importance des caractères quantitatifs.

Il est intéressant de noter que Piaget utilise quelques termes appartenant à la génétique, tels que "croisement", "hybridation", mais le contexte montre qu'il ne les utilise pas toujours à bon escient. Ainsi l'effet du croisement est confondu avec la suppression des variations fluctuantes due aux changements du milieu, et les expériences en aquarium semblent avoir la même conséquence négative que le croisement avec l'espèce mère en milieu naturel pour la formation d'une nouvelle espèce. Ainsi il nous dit que "ce sont là évidemment des variétés fluctuantes suivant l'école mendélienne, puisque, si la jonction se refait avec la mer, le type ancestral réapparaît tout de suite par croisement (j'ai observé le fait en Bretagne)" (1914b, p. 330) de la même manière que Roszkowski lui montre avec ses expérimentations que les limnées profondes, au bout de quelques générations, reviennent au type littoral dont elles sont issues.

Comme nous l'avons vu, les darwiniens acceptent à la fois l'hérédité des caractères acquis et la sélection naturelle, alors que les néo-darwiniens ne reconnaissent que la seconde et en font le mécanisme absolu de l'évolution. On peut se demander si Piaget ne remet pas en cause ce passage dans son article puisqu'il n'exclut pas la conception mendélienne et mutationniste de son adversaire, mais qu'elle est, et on peut même ajouter restera toujours, insuffisante à ses yeux pour expliquer l'évolution.

Ce point de vue Piaget le gardera toute sa vie, et quand en 1967 il développera encore ce point de vue dans "Biologie et connaissance" il passera pour un "doux" marginal, et ses positions seront mises sur le compte de sa méconnaissance des découvertes en génétique moléculaire de pointe qui reconnaît "la circulation centrifuge d'une information non équivoque (gène-RNA-protéine)", mais comme "beaucoup plus équivoques" les "informations centripètes". En fait, ces positions de Piaget ont pendant longtemps été entourées d'un silence poli, par égard pour l'œuvre du grand épistémologue. C'est seulement à la fin des années septante, grâce à la diffusion au public non-spécialiste des découvertes de Monod, Cohn et Jacob, que sera envisagée l'évolution des espèces sous un nouveau jour. En effet, on apprend alors que la régulation des processus chimiques par les gènes, dont Piaget parle déjà dans son livre (1967, p.163), implique que tout organisme et son milieu sont étroitement interdépendants et échangent constamment des informations. Cette régulation tend aussi à indiquer que l'évolution des espèces n'a pu se faire ni sous la seule influence génétique, ni sous la seule influence du milieu et, probablement, toujours par accident : soit modification du milieu, soit modification génétique autonome ou forcée par la nécessité d'adaptation au nouveau milieu. C'est justement cette nécessité d'adaptation au milieu qui faisait trouver, dès sa controverse avec Roszkowski, la conception mendélienne et mutationniste insuffisante à expliquer l'évolution.

1915-1917 : Piaget, Silence Biologique et Philosophie

La bibliographie de Piaget nous montre que les années 1913-1914 sont les plus fécondes quant au nombre d'écrits zoologiques publiés. En 1915 par contre, on observe une disparition totale de tout texte de biologie et on peut se demander si cette forte diminution des travaux de zoologie n'est pas en rapport avec le fait que vers la fin de l'année 1914, Piaget s'occupe sérieusement à investir les champs de la philosophie, en particulier de l'histoire des sciences, de la psychologie, de la sociologie, à lire Spencer, Fouillée, Durkheim, etc. C'est sans doute vers 1914-1915 que Piaget prend conscience de l'insuffisant fondement de ses premières intuitions théoriques en biologie, d'où cette période de silence pendant laquelle il apprend à mieux maîtriser les notions et les instruments de la biologie constituée.

Nous voyons ainsi comment la pensée de Piaget a évolué depuis ses premiers cadres taxonomiques et théoriques élaborés auprès de Godet, jusqu'à la prise en compte des différents courants qui existent par rapport aux théories de l'évolution. Nous pensons que la découverte de certaines conceptions eugénistes, inégalitaires et racistes, qui utilisent les théories de la récapitulation, de la lutte pour la survie ou de la sélection naturelle pour se justifier et même justifier la guerre ont pu choquer l'adolescent idéaliste chrétien, imprégné des valeurs sociales du protestantisme libéral. En effet "l'Association Chrétienne Suisse d'Étudiants (ACSE) est le deuxième contexte de socialisation du jeune Piaget ; comme dans le Club des Amis de la Nature, il s'y forme et s'y distingue avant de s'en éloigner. La date exacte de son entrée dans l'Association (…) certains indices suggèrent qu'elle eut lieu quelques mois avant le début de la Première Guerre Mondiale. A ce moment-là, il est encore membre des Amis ; il y reste jusqu'en septembre 1915. Mais en tant qu'environnement d'activité, le Club a déjà cessé de représenter ses préoccupations fondamentales" (Vidal, 1988, p. 261). On peut se demander si ce n'est pas en réaction aux applications sociologiques des théories de l'évolution que "Piaget élaborera un véritable "protestantisme bergsonien" (…) Ce protestantisme, Piaget le formule d'abord dans un article de mars 1914, "Bergson et Sabatier", puis dans un poème en prose, La Mission de L'Idée, paru en décembre 1915" (Ibid.).

Dans "Bergson et Sabatier" (1914) certains points nous ont paru particulièrement intéressants pour illustrer la vision de Piaget. Par exemple, quand il nous dit "on sait en effet, que le darwinisme était en germe dans l'Essai sur la population de Malthus. Or, chose curieuse, ce Malthus a influencé directement et Darwin lui-même et Wallace, qui arrivèrent tous deux, à l'insu l'un de l'autre, à des résultats identiques" (1914a, p. 192). Il montre qu'il connaît non seulement les théories de l'évolution, mais aussi le contexte historique de leur élaboration. De plus ici, il nous paraît important de souligner que la sensibilité de Piaget le porte à mettre en avant l'influence de la conception politico-économique de Malthus sur le darwinisme. Dans le même sens, il continue par une étroite mise en lien de l'évolution vitale de Bergson et de la conscience morale de la "religion intérieure" de Sabatier. Ainsi il nous dit "l'évolution religieuse qu'étudie Sabatier, est une des faces, quoique restreinte, de l'évolution vitale, et la conscience morale peut être considérée comme l'une des formes les plus pures et les plus élevées de l'intuition bergsonienne. Cette dernière représenterait, on le sait, la faculté qu'a la vie de comprendre sa nature intérieure et de saisir l'absolu qui est en elle. Or, il est frappant de comparer ceci avec la définition donnée de la conscience : "Ce que nous appelons la conscience religieuse d'un homme, c'est le sentiment du rapport dans lequel cet homme est et veut être avec le principe universel dont il sait qu'il dépend, et avec l'univers lui-même dans lequel il se voit engagé comme partie dans l'ensemble" (Ibid., p. 192-193). En mettant face à face Bergson et Sabatier, Piaget met en scène sa préoccupation d'accorder la science et la religion, mais plus profondément d'accorder la vérité et la morale. L'hommage qu'il rend à son professeur de philosophie A. Reymond est aussi la reconnaissance de l'opportunité que ce dernier a offert à ses élèves d'aborder la science et la foi en tentant de les concilier et non pas de les opposer. C'est dans le même état d'esprit que se pose pour le jeune homme la question de savoir si le progrès est orienté, s'il existe ou non une finalité : "Le progrès n'impliquerait pas la finalité, car l'élan n'a de coordination que dans son déroulement même, derrière lui et non par devant. Métaphysiquement, la vérité n'est accessible que par l'intuition car le problème de la connaissance est indissolublement lié à celui de la vie. Enfin, l'intelligence n'est pas apte à toute spéculation philosophique, car elle est victime de quelques illusions fondamentales" (Ibid., p. 193-194). Piaget est à la recherche du sens, entendu comme un progrès orienté, en accord avec ses valeurs humanistes. Puisque la finalité n'est pas l'aboutissement du progrès, elle est alors à chercher dans le mouvement même de la vie. C'est pourquoi Piaget souligne : "Sabatier estime que la religion est une des manifestations de l'élan vital et que la conscience morale est avant tout le lien (religio), entre l'individu et le Principe universel" (Ibid., p. 197). Et parallèlement il note que "Bergson donne une signification du progrès, débarrassée de finalisme. Il fournit une adaptation ingénieuse de la théorie des causes finales en la retournant et en montrant que l'harmonie de la vie se trouve à son origine, a tergo, et non dans un but déterminé"

(Ibid.). Plus tard Piaget nous dit que "le problème de la connaissance et le problème de la vie sont inséparables", et il lie cela aux relations entre finalité et responsabilité humaine. Il déclare que Sabatier, n'ayant pas trouvé de solution théorique, en revient au domaine vital et "montre que par la conscience religieuse l'homme a l'intuition du principe universel et touche à l'absolu" (Ibid., p. 198). Nous ressentons fort bien dans les propos du jeune homme une quête de sens, tiraillé qu'il est entre l'application des théories biologiques à l'homme et le besoin de valeurs humaines : "un travail se fait continuellement en nous, avec ou sans influence du dehors, et qui fait varier nos conceptions perpétuellement, dans un certain plan, évidemment, mais avec une progression continue" (Ibid., p. 199).

Avec "La Mission de L'Idée" (Lausanne : Edition la Concorde, 1915 (couverture 1916)), paru en décembre 1915, nous arrivons à l'apogée de la grave crise existentielle de Piaget. Ce texte, surprenant de par son ton exalté et par sa forme poétique, témoigne d'un esprit tourmenté qui ne se retrouvera plus jamais dans les écrits ultérieurs, même dans "Recherche" où son auteur semble se retrouver à travers une tentative de systématisation de ses idées. Le contexte historique exacerbe la sensibilité de l'adolescent révolté. "La Mission de l'Idée est un long poème en prose écrit en pleine Première Guerre Mondiale dans le but de fustiger une Europe affligée par l'esprit conservateur, le nationalisme, l'égoïsme, l'orgueil et l'inertie. Ceux-ci sont les diables qui tuent l'Idée. Au fil de l'oeuvre, l'identité de l'Idée, ou plutôt les cas particuliers choisis pour l'illustrer, semblent changer : la justice, l'égalité, les droits de la femme, la liberté d'expression de l'esprit humain dans toute sa diversité, la foi en Jésus, la foi dans le peuple, l'autodiscipline, le combat pour le bien, la paix, le socialisme, et ainsi de suite. L'Idée est toutes ces choses et par-dessus tout, le mouvement perpétuel de la pensée vers elles. L'auteur exprime ainsi sans cesse sa croyance dans le pouvoir des idées, elles "mènent le monde", gouvernent l'action. Si nous devons résumer son message en quelques mots, nous pouvons dire qu'il s'agit du cri de révolte de la jeunesse contre la suffisante hypocrisie de l'Eglise et de la bourgeoisie durant la longue souffrance de la guerre, et une croyance romantique et moraliste dans le christianisme social" (Gruber, H. & Vonèche, J., 1977, p. 26).

La morale devient pour Piaget intrinsèque et simultanée à l'évolution de l'être humain comme de l'humanité toute entière. L'évolution de l'individu comme de l'humanité ne peut donc se faire qu'en accord avec la morale. On retrouvera plus tard cette même conception dans "Le jugement moral chez l'enfant", dans lequel l'auteur montre que chez l'enfant la morale suit le développement. Les forces qui viennent s'opposer au mouvement harmonique de la vie sont les forces du mal, c'est-à-dire des individus ou des groupes qui perturbent la solidarité naturelle par pur égoïsme. La lutte pour la vie se range donc au côté du mal, tandis que tout ce qui va dans le sens du bien va dans le sens de l'évolution. Or les contenus des catégories du "bien" et du "mal" ne sont pas fixes. Le "bien" est la marche de l'humanité vers le Bien. Il s'ensuit un paradoxe qui n'est qu'apparent. Comme le "progrès" a toujours besoin d'ennemis et d'obstacles pour être "progrès", comme il n'y a pas de "bien" sans "mal", le "mal" lui-même devient nécessaire pour la réalisation du "bien". Ainsi, Piaget affirme que la guerre est un "signe de progrès". Ces considérations sur la relativité du bien et du mal ne sont pas sans rappeler la pensée de Malthus qui est à prendre dans le contexte théologique austère des moralistes écossais. Pour lui, la souffrance, le malheur, la misère concourent à un puissant processus institué par Dieu, non pour éprouver mais pour créer et façonner l'esprit, le faire surgir de la matière inerte et chaotique. Donc, si le mal existe en ce moment, c'est pour susciter, non le désespoir, mais l'activité : "le mal paraît nécessaire pour engendrer l'effort".

Mais finalement, l'"élan vital" inspiré par Bergson est le plus fort et pousse Piaget à opposer à la "vie", à la fois la compétition égoïste de la "lutte pour la vie" et la "sélection naturelle".

Ce qui répugne Piaget, c'est l'application des théories de la biologie dans le but de résoudre les problèmes sociaux et les antagonismes nationalistes. Le darwinisme social véhicule en effet la certitude que de l'animal à l'homme la différence est négligeable. L'étude de l'un éclaire la connaissance de l'autre et les mécanismes "naturels" qui affectent l'existence de l'animal affectent également l'existence à la fois sociale et individuelle de l'homme qui devient ainsi un animal comme les autres. La guerre donne une nouvelle impulsion aux discussions autour de la signification morale des théories biologiques. Nous savons d'ailleurs qu'à la veille de la guerre, le général allemand Friedrich Von Bernhardi justifiait ainsi cette dernière comme une nécessité biologique en se référant à la lutte pour la survie. D'ailleurs partout en Europe des voix s'élèvent contre cet amalgame comme celle du prince Kropotkin qui oppose à cette vision malsaine la vision altruiste d'une entraide comme facteur de l'évolution.

La première période de l'œuvre psychologique de Piaget qui va des années 1920 au début des années 1930, considérée comme la période sociale de cet auteur et se démarquant des suivantes, reprendra tous ces thèmes au travers de l'étude de la socialisation progressive de la pensée de l'enfant. Piaget s'attachera à démontrer que le développement moral se fait en parallèle au développement cognitif. Cette période est étonnante dans le sens où les préoccupations d'un fondement biologique sont écartées momentanément au profit d'un souci sociologique qui ne se retrouvera jamais aussi fort par la suite.

Au début de l'été 1915 Piaget est reçu bachelier ès lettres et s'apprête à entrer à l'Université dont son père est le recteur. Cependant, à la fin de cette année et jusqu'en été 1917, il se rend à Leysin pour de nombreux séjours de convalescence suite à une grande fatigue engendrée à la fois par cette crise et par une frénésie d'écriture. C'est lors de cette retraite qu'il écrira "la Biologie et la Guerre" ainsi que "Recherche".

Dans "la Biologie et la Guerre" (Feuille centrale de la Société suisse de Zofingue (1917-1918), 1918, 58, p. 374-380) le titre même pose la dialectique qui servira de structure à l'article où nous trouvons d'un côté les faits sociaux (la guerre) et de l'autre côté les théories (la biologie), qui se lisent et qui s'expliquent mutuellement comme une réflexion en miroir. Nous trouvons ici une prémisse de la stratégie de démonstration que Piaget utilisera tout au long de son œuvre, dans le sens où, en imbriquant des concepts et des raisonnements pris dans un domaine tenu pour parallèle, on peut atteindre une cohérence logique dans l'autre domaine en enkystant simplement tant la conception que son raisonnement relatif emprunté au premier domaine. De cette manière, Piaget va chercher à répondre à la question de savoir si la guerre se justifie comme une nécessité sociale au travers de "la logique interne de l'évolution biologique" (1918a, p. 375). L'auteur donne une excellente interprétation de la théorie de Darwin quand il nous dit que ce dernier "dans les faits, a vu la lutte pour la vie, lutte contre le milieu et lutte contre les concurrents" et qu'il n'a "tiré de cette constatation qu'une doctrine biologique" (Ibid.). Il nous précise que ce sont d'autres qui en ont fait une doctrine morale justifiant la guerre, mais que "tant qu'on n'aura pas montré dans la sélection naturelle le seul processus possible de l'évolution" (Ibid.) elle n'aura pas de fondement. Et plus encore, "quand cela serait, la morale pourrait toujours dire qu'elle n'a rien à faire avec la vie" (Ibid.). Comme tous les penseurs qui se sont exprimés sur ce thème trouvaient des faits corroborant leur point de vue bien que leurs interprétations arrivassent à des conclusions contradictoires, Piaget veut essayer de faire abstraction de la réalité pour cerner "les lois normales de l'évolution" et voir si elles peuvent expliquer la guerre. Mais cette démonstration "ne vaudra pour la morale que si celle-ci par un postulat propre déclare identifier le bien avec la vie" (Ibid., p. 376). Pour ce faire, il propose deux voies : prouver que l'évolution est expliquée soit par le néodarwinisme, soit par "l'assimilation fonctionnelle" de Le Dantec. Rapidement, après quelques considérations, et sans avoir rien prouvé, Piaget affirme "la sélection naturelle est impuissante à expliquer l'évolution. Weismann lui-même a dû l'admettre sur le tard. L'hérédité de l'acquis est un fait d'expérience" (Ibid., p. 377-378). Et plus loin encore il note : "Nous pouvons donc sans crainte donner gain de cause au lamarckisme, ce qui n'exclut d'ailleurs pas la sélection naturelle à titre de facteur secondaire et accidentel" (Ibid., p. 378). Par un raisonnement subtil Piaget montre que "l'assimilation fonctionnelle" de Le Dantec arrive à la même conclusion : "l'égoïsme est à la base de toute société" (Ibid., p. 379) et dans ce cas "la lutte est dans la logique interne de la vie, la guerre est nécessaire." N'acceptant pas une telle conclusion, il nous dit qu'il y a un vice dans cette dernière théorie qui est "de mettre l'assimilation et l'imitation en raison inverse l'une de l'autre pour pouvoir en faire la synthèse", mais que si cela est vrai pour la digestion "dans les phénomènes psychologiques c'est l'inverse qui est vrai" (Ibid.). C'est-à-dire que nous existons d'autant plus que nous comprenons mieux notre milieu, ou autrement dit "dans tout phénomène conscient assimilation et imitation sont en raison directe l'une de l'autre" (Ibid., p. 380). Nous arrivons à un point important de la conception "bio-psychosociologique" de Piaget lorsqu'il insiste : "Bien plus, je prétends que dans tous les phénomènes essentiels de la vie il en est ainsi" (Ibid.).

De la prise de conscience de notre propre connaissance, Piaget pose en parallèle l'épanouissement de l'amour dans la morale et la coopération des groupes sociaux menant à la paix. Il lui est alors possible de revenir sur sa précédente affirmation pour conclure : "Lutter contre la guerre, c'est donc agir dans la logique de la vie contre la logique des choses, et là est toute la morale" (Ibid.).

Dans cet article, nous voyons que Piaget reprend les idées déjà énoncées dans "la Mission de l'Idée", à savoir que la guerre n'est pas une conséquence inévitable de la nature humaine, et d'autres thèmes concernant les relations entre l'hérédité et l'environnement, les mécanismes de l'évolution sur lesquels il s'est déjà exprimé par ailleurs et qui l'occuperont encore longtemps. Nous y trouvons aussi une prémisse du tertium que Piaget proposera plus tard, à savoir qu'il renvoie dos à dos le lamarckisme de Le Dantec et le néodarwinisme pour envisager une troisième voie.

Dans une émission enregistrée en 1979, Piaget nous dit que son roman autobiographique "Recherche" (Lausanne: Edition La Concorde, 1918), écrit durant son séjour à Leysin, lui permet d'exprimer librement ses idées sous une forme non technique qui ne soit pas prise au sérieux par les biologistes ou par les philosophes qui l'auraient critiqué à raison sur bien des points. En fait, après son "contact malheureux avec la philosophie de Bergson", Piaget avait "commencé à lire tout ce qui (lui) tombait sous la main: Kant, Spencer, Auguste Comte, Fouillée et Guyau, Lachelier, Boutroux, Lalande, Durkheim, Tarde, Le Dantec; et en psychologie: W.James, Th.Ribot et Janet" (1976, p.5). L'esprit tourmenté de l'adolescent qui s'était enflammé dans "La Mission de l'Idée" sous l'impulsion de l'"élan créateur" revient à une vision plus sereine grâce à la lecture des auteurs qui recentrent ses points d'intérêt par des thèmes moins abstraits. Ainsi nous dit-il "la controverse de Durkheim et de Tarde sur la réalité ou la non-réalité de la société en tant que tout organisé me plongea dans un état semblable de perplexité sans me montrer au premier abord sa pertinence quant au problème de l'espèce. A part cela, le problème général du réalisme et du nominalisme me fournissait une vue d'ensemble : je compris soudain qu'à tous les niveaux (celui de la cellule, de l'organisme, de l'espèce, des concepts, des principes logiques, etc.) on retrouve le même problème des relations entre la partie et le tout ; désormais j'étais convaincu d'avoir trouvé la solution. Enfin émergeait l'union étroite dont j'avais rêvé, entre la philosophie et la biologie, et la possibilité d'une épistémologie qui me parut alors réellement scientifique ! "

(Ibid., p.6). Comme il ne peut faire que de la théorie et écrire, et que de son aveu même il ne peut penser sans écrire, ces pages lui offrent un espace où il a la possibilité d'organiser ses idées : "durant l'année que je passais à la montagne je fus hanté par le désir de créer, et je cédai à la tentation" (Ibid., p. 8).

A travers les trois parties qui divisent classiquement sa nouvelle ("la préparation", "la crise" et "la reconstruction"), Piaget passe en revue ses anciennes conceptions avant de les poursuivre en élaborant alors progressivement son système :

"Ma solution était très simple : dans tous les domaines de la vie (organique, mentale, sociale) il existe des "totalités" qualitativement distinctes de leurs parties et qui leur imposent une organisation. Par conséquent il n'existe pas d'"éléments" isolés . La réalité élémentaire dépend nécessairement d'un tout qui l'informe. Mais les relations entre le tout et la partie varient d'une structure à l'autre car il faut distinguer quatre actions toujours présentes" (Ibid., p.6-7) : l'action du tout sur lui-même, du tout sur les parties, des parties sur elles-mêmes et des parties sur le tout. "Ces quatre actions s'équilibrent dans une structure totale, mais il y a alors trois possibilités d'équilibre : (1) prédominance du tout avec modification des parties ; (2) prédominance des parties avec modification des parties ; (3) conservation réciproque des parties et du tout" (Ibid., p. 7). Seule la dernière forme d'équilibre est stable. Ces écrits "représentent un schéma anticipateur de (ses) recherches ultérieures : il était clair (pour lui) que l'état d'équilibre du tout et de la partie (la troisième forme) correspondait à des états de conscience de nature normative : nécessité logique ou obligation morale par opposition aux formes inférieures d'équilibre qui caractérisent les états de conscience non-normatifs tels que la perception etc., ou les éléments organismiques" (Ibid.).

Nous voyons que l'idée directrice de l'évolution, qui était centrale dans ses précédents écrits, prend une moindre place lorsque Piaget compose son système philosophique que nous trouvons dans "Recherche", et cela au profit de la notion d'équilibre. Nous pouvons également noter que lorsque Piaget abandonne ici toute activité mentale relative à un domaine particulier, il la compense par une intuition immédiate plus fine de la vie à travers son héros Sébastien, dont il affirme qu'il était bergsonien. Nous retrouvons cette intuition psychologique dans ses analyses de la passion, de l'égoïsme et du dévouement ; cela lui permet alors d'une part d'enrichir la notion d'"assimilation fonctionnelle" de Le Dantec, et d'autre part de s'opposer au fait d'identifier la vie à un processus essentiellement égoïste.

1918-1921 et au Delà : Activité Biologique

Nous allons maintenant analyser l'activité zoologique de Piaget en examinant les progrès qui apparaissent dans sa thèse de 1918 sur la malacologie valaisanne, puis dans un article de 1920 dans lequel il étudie la "Corrélation entre la répartition verticale des mollusques du Valais et les indices de variation spécifique" (Revue suisse de zoologie, vol. 28, 1920). Finalement, nous rapporterons la façon dont Piaget a "clos" plus tard la controverse des années 1912-14 entre Roszkowski et lui.

Nous commencerons ici par sa thèse de 1918 "Introduction à la malacologie valaisanne" qui, il nous semble, peut être considérée comme à la fois le bilan des recherches précédentes et l'ouverture sur l'œuvre biologique ultérieure par les nombreuses questions que soulève Piaget. Nous voyons, au dire même de l'auteur, que cette thèse est essentiellement un catalogue des mollusques du Valais, mais elle contient aussi toute une série d'interrogations sur la variation de forme, le polymorphisme, les espèces classées, la régression à un type ancestral, etc. On remarque dans ce travail que même si Piaget tient compte du savoir constitué de la biologie moderne, il procède encore sur les fondements de ses premiers cadres théoriques de classificateur.

Dans ses trois pages d'Avant-propos écrites en septembre 1918, il qualifie sa thèse de "mémoire préliminaire" dans lequel il rassemble d'une part ce qu'il sait actuellement de la malacologie du Valais, et d'autre part il pose quelques problèmes de réflexion. Néanmoins il envisage un "remaniement total", car "il est nécessaire que la recherche faunistique marche désormais de pair avec la recherche biométrique. Or, je ne pouvais encore songer à aborder le problème biométrique et statistique, dont la moindre solution demande des années de recherches. D'autre part, je ne puis plus travailler sans l'aide de la biométrie. Plus je retourne au Valais et moins j'y vois clair. On nage dans l'incertitude avec les déterminations subjectives d'espèce ou l'estimation subjective des formations naturelles. (...) De telle sorte que ce catalogue est un résumé des recherches passées faites par quelqu'un qui, aujourd'hui, n'y comprend plus grand'chose, qui ne peut aller plus avant sans changer de méthodes et qui, avant de se mettre à ce travail, éprouve le besoin de faire son bilan" (1918c, p. 1-3).

Tout au long de sa thèse, Piaget reste fidèle à l'éclectisme lamarcko-darwinien qui l'autorise à emprunter des notions théoriques au deux principaux courants de la biologie de l'espèce et de l'évolution, à savoir comme nous l'avons déjà dit le lamarckisme et le néodarwinisme, en empruntant des termes aussi bien au vocabulaire phénotypique des naturalistes qu'au langage mendélien des biologistes modernes. Ce qui n'est pas certain c'est que Piaget, en reprenant le tout, les emploie tels que leurs courants d'origine les conçoivent. Les méthodes biométriques paraissent alors à Piaget comme le seul rempart contre la subjectivité des jugements : seule la "preuve statistique" permet d'éviter de telles illusions. Il est intéressant de constater que Piaget semble avoir pris quelques distances par rapport aux critères conchyliologiques pour juger de l'existence de "véritables espèces". Comme autres critères, il propose la dissection et dit même qu'il en a fait usage ou encore le "croisement en culture".

Concernant le problème de l'évolution, à propos du polymorphisme, nous retrouvons la même importance accordée à la théorie de la spéciation, c'est-à-dire au rôle de l'isolement biogéographique. Ainsi, en 1914, Piaget accordait le rôle principal à l'isolement de longue durée dans la production de nouvelles espèces, et en 1918, nous retrouvons cette même conception de l'isolement qui "a produit trois espèces distinctes" (Ibid., I, p. 75). Quant aux facteurs extérieurs, ils continuent bien sûr à jouer un rôle prédominant dans l'apparition de nouvelles formes vivantes.

Notons enfin pour terminer que nous trouvons dans cet ouvrage le premier usage du terme "phénotype" : "C'est ainsi que les classiques pulchelle et costata qui constituent nettement deux races sur le plateau suisse, ne forment souvent au Valais qu'un seul phénotype à cause de la fréquence de la forme helvetica intermédiaire" (Ibid., I, p. 61).

Le texte de 1920, "Corrélation entre la répartition verticale des mollusques du Valais et les indices de variation spécifique", est le premier dans lequel Piaget utilise des instruments véritablement scientifiques. Il prévient lui-même son lecteur que cette "première approximation" devrait être suivie d'un "travail de longue haleine qui cherchera leur véritable signification" (1920, p. 11). Ce qui au fil de l'article se révèle être la compréhension "des rapports entre les génotypes et les phénotypes". Ce premier travail consiste à voir s'il existe un lien de corrélation entre la répartition en altitude des espèces et la variabilité au sein de chacune des ces espèces en ce qui concerne les dimensions que sa population présente en plaine. C'est ce que Piaget appelle la "puissance d'adaptation" des espèces (plasticité). L'auteur affirme qu'elle est la donnée existant dans le caractère, sinon héréditaire au moins phénotypique, d'une espèce permettant de prédire le comportement de cette espèce vis-à-vis de l'altitude.

Au niveau statistique, il procède à la mesure de la plus grande dimension de la coquille de 500 à 600 exemplaires de chaque espèce recueillie en plaine, et calcule l'écart-type de la distribution de l'écart à la moyenne. En fonction de la valeur de l'indice de dispersion, il ordonne les différentes espèces et calcule l'indice de corrélation entre la variabilité de l'espèce et l'altitude à laquelle elle se présente. Il en conclut que plus la variabilité de l'espèce est importante, plus cette espèce est capable de s'adapter à l'altitude. "Le résultat était assez imprévu" (Ibid., p. 127). Alors que la variabilité passait pour être causée par les conditions d'altitude, il s'est trouvé au contraire qu'en plaine elle est déjà présente dans la distribution de l'espèce. Ce résultat se confirme puisqu'"il s'est trouvé cette chose intéressante que les variations de la hauteur des espèces allongées est du même ordre de grandeur que les variations du diamètre des espèces globuleuses, tout en respectant la corrélation générale des écarts étalons des espèces avec l'adaptation" (corrélation entre les indices de dispersion et les altitudes). Il va même jusqu'à calculer l'intervalle de confiance qui lui confirme que cette corrélation n'est pas due au hasard. Plus loin Piaget met en relation la variabilité de la taille d'une espèce avec la dénutrition, mais il conclut que toutes les espèces y sont virtuellement exposées. Aussi bien ce n'est pas la dénutrition qui influe sur la variabilité, mais plutôt c'est la variabilité qui reste le "facteur primitif : on ne voit pas, sans cette hypothèse, pourquoi certaines formes s'adaptent et les autres pas. Ou tout au moins, il s'établit entre les facteurs personnels de l'espèce et la dénutrition un compromis expliquant la courbe actuelle de fréquence (distribution de la taille) Nous pouvons donc conclure que la courbe d'une espèce, en plaine, n'est pas le produit simple des facteurs constituant la vie à l'altitude, mais un phénomène plus complexe où s'enchevêtrent deux sortes d'influence: 1° l'action du milieu (sécheresse, dénutrition, etc.) sur les phénotypes; 2° les facteurs héréditaires des génotypes. Or, cette courbe une fois donnée, l'adaptation aux facteurs nouveaux (altitude) est conditionnée par elle, de même que le comportement d'un individu est conditionné à la fois par son hérédité et par ses habitudes personnelles" (Ibid., p. 131-132).

Nous voyons que même si Piaget est conscient qu'il ignore les rapports entre phénotype et génotype, il les distingue bien et fait peser l'action du milieu sur le phénotype. Il tente en outre d'obtenir une balance égale entre les influences du milieu et les influences héréditaires. Remarquons encore que si auparavant le milieu extérieur était le facteur d'adaptation entraînant l'apparition de nouvelles capacités chez l'organisme, la position de Piaget à la fin de cet article a évolué en ce que les capacités adaptatives précèdent l'adaptation. En d'autres termes, nous pouvons dire qu'avant le milieu donnait l'impulsion et que l'animal s'adaptait en présentant d'abord des caractères fluctuants qui, avec le temps et l'isolement, aboutissaient à des caractères héréditaires. Tandis qu'ici nous avons un génotype dont les rapports avec le phénotype sont inconnus ; ce phénotype générique présente une certaine variabilité qui, si elle est importante, augmente d'autant le potentiel d'adaptation à des milieux variés de l'espèce. Le phénotype individuel quant à lui est toujours soumis à l'influence du milieu.

Une Controverse Toujours Ouverte...

Piaget reviendra une dernière fois sur la controverse qui l'oppose à Roszkowski dans un travail biologique particulièrement conséquent publié en 1929 "L'adaptation de la Limnaea stagnalis aux milieux lacustres de la Suisse romande". Bien que dans un premier temps notre auteur rende hommage au doctorant lausannois et que nous ayons l'impression qu'il se range à son avis, en particulier dans l'acceptation d'une classification basée sur les critères internes héréditaires, en fait il n'en est rien et Piaget définit une proposition originale n'excluant pas la prise en compte du phénotype dans la détermination de l'espèce. C'est ce qu'il explicite clairement dans le passage suivant :

"En second lieu (le premier étant le polymorphisme de la coquille), les variétés en question diffèrent entre elles, non seulement par leur coquille, mais par leur anatomie. C'est le mérite de Roszkowski que d'avoir démontré l'existence de deux grands groupes anatomiques parmi elles, l'un à réceptacle séminale sessile, l'autre à réceptacle pédonculé. Roszkowski appelle ces groupes ovata et auricularia, selon la terminologie classique, mais il admet que ces espèces "peuvent prendre les mêmes formes que la coquille (...) à la suite de quoi on ne peut pas les distinguer en se basant sur leur coquille". Cette auteur considère donc les ressemblances conchyliologiques comme dues à de simples convergence, en fonction du milieu, et déclare que la coquille ne saurait ainsi servir en rien à une classification rationnelle.

Seulement Roszkowski lui-même a trouvé en Pologne une race à réceptacle séminal semi-pédonculé, intermédiaire entre les deux soi-disant espèces, alors que ces intermédiaires n'existent pas dans le Léman (...) Il y a là une première complication. En outre, et surtout, c'est par une véritable pétition de principe que l'on déclare non-parents deux animaux à formes conchyliologiques identiques, lorsqu'ils ont un réceptacle séminal différent, alors qu'on déclare de même espèce deux formes conchyliologiques distinctes lorsque l'anatomie est identique. Une telle interprétation est peut-être la bonne, mais il faudrait le prouver" (1929, p. 488-489).

Piaget n'a donc pas changé sa position, il reconnaît seulement qu'à l'époque il manquait d'arguments, puisqu'en note il écrit "Je suis heureux de cette occasion pour exprimer mon propre scepticisme à l'égard des novitates que je me suis permises dans mes articles de 1912-1914 : œuvres d'un simple collégien, ces articles manquaient de toute culture biologique ! " (Ibid.). Piaget, balayant les compétences expérimentales de Roszkowski, nous dit que sa position ne se base que sur une "véritable pétition de principe" et qu'il n'y a qu'"un moyen pour faire cette démonstration : l'élevage en culture pure et en conditions constantes. Il est fort possible, à cet égard, que telle forme conchyliologique soit stable, de même que tel caractère du réceptacle séminal, mais que ces groupes de caractères soient indépendants les uns des autres. Un poly-hybridisme permanent, en nature, exclurait dès lors l'hypothèse de deux espèces simples et l'analyse génétique montrerait quels sont les couplages les plus fréquents des caractères entre eux. Il est possible, d'autre part, qu'à une anatomie donnée corresponde certains caractères conchyliologiques constants. C'est ce qu'a avancé Favre, avec réserves, il est vrai. Mais ce pourrait être une simple question de fréquence et il reste concevable que certains caractères de la coquille se comportent comme des caractères mendéliens stables, indépendamment de ceux du réceptacle séminal" (Ibid.).

La nouvelle culture en biologie de Piaget lui permet maintenant d'accéder à une perspective populationniste. Et nous voyons dans ce passage que son grand intérêt pour "un poly-hybridisme permanent, en nature" s'explique par le fait qu'il peut garder le même système hypothétique qu'il avait déjà en modifiant sa direction. Ainsi, là où il voyait auparavant, dans une perspective typologique, une variation verticale se réalisant au fil du temps, il voit maintenant une variation horizontale s'étendant sur les diverses variétés actuelles d'une population. Par rapport aux textes précédents de 1914 et même jusqu'en 1920 dans lesquels il parlait d'hybridation et de croisement sans qu'il semble qu'il maîtrisait ces notions, nous voyons que ces outils de la génétique mendélienne lui sont bien plus familiers. En fait tout se passe comme si, ayant renoncé à une finalité lointaine comme le postulaient déjà Darwin ou Bergson, Piaget ne peut expliquer l'adéquation des mutations au milieu que par une finalité actuelle allant dans le sens des "causes psychologiques" qui marquent pour Bergson un tournant, sans rupture, de l'"élan vital". C'est là où Piaget veut arriver et quelques soient les nouvelles théories, connaissances, conceptions qu'il intègre, il le fait toujours par rapport à ce postulat qui constitue le fil directeur orientant toutes ses études ultérieures.

Pour ce qui en est de sa rivalité avec le doctorant polonais, Piaget met en doute la suffisance de son plan expérimental. Si quelques lignes auparavant il rend les armes et parle d'une "simple accommodation au milieu abyssal", ce n'est que pour mieux souligner qu'"il demeure un problème : ces accommodations à la faune profonde ne s'accompagnent-elles d'aucune modification héréditaire ? Roszkowski a élevé quelques lignées issues de profunda et constate que dès la première génération il y a retour au type. Mais est-ce suffisant ? Si nous nous en étions tenu, en ce qui concerne la Limnaea stagnalis, à des lignées issues d'un variété lacustris intermedia (...) nous aurions conclu à la non-hérédité des formes lacustres de cette espèce. (...) Pour établir avec sécurité la non-hérédité des Limnées abyssales, il faudrait donc : 1° définir par une statistique suffisante les caractères biométriques des formes d'étangs, du littoral, de la faune sublittorale et de la faune profonde ; 2° montrer que les formes profondes extrêmes rentrent dès la première génération dans les limites de variation des formes littorale. - Il est possible qu'on ne trouve jamais de caractères abyssaux héréditaires. Mais le contraire reste concevable. C'est une étude à reprendre" (Ibid., p. 490).

Le plan que propose Piaget est, dans l'absolu, de dresser l'inventaire des caractères phénotypiques possibles de chaque forme et de voir si un changement de milieu entraîne une première génération présentant des caractères phénotypiques possibles pour une autre forme. Il s'agit de voir s'il y a recouvrement des variabilités entre les différentes formes. Nous retrouvons ici sous une forme plus élaborée la variabilité prise comme "puissance d'adaptation" qui était l'objet de son étude de 1920.

QUID TERTIUM : LA VOIE DU MILIEU, L'ÉQUILIBRE

Suite à l'article de 1929, nous assistons à un "abandon" des écrits biologiques par Piaget qui se consacre dans les années suivantes à la construction de son épistémologie génétique et plus tard à la mise en place de son grand rêve le Centre d'Épistémologie Génétique, réunissant des spécialistes de tous les domaines étudiés au cours du développement mental de l'enfant. Il faudra attendre 1965 avec "Notes sur des Limnaea stagnalis L. var. lacustris Stud. élevées dans une mare du plateau vaudois" pour qu'il reprenne des propos spécifiquement biologiques. Nous reprendrons donc notre analyse dans les années soixante.

L'interruption, durant 36 ans, de publications spécifiquement consacrées à la biologie ne doit pas masquer chez Piaget la permanence de ses préoccupations premières concernant ce domaine. Celles-ci affleurent dans de nombreux ouvrages, notamment dans la troisième partie de l'"Introduction à l'épistémologie génétique" (1950), dont un tiers est consacré à l'épistémologie de la pensée biologique.

Phénocopie

Les travaux biologiques de Piaget posent la question de l'hérédité de l'acquis, sans avoir recours à l'habitude, ni à la détermination mécanique du milieu qui identifient ces travaux au transformisme de Lamarck. En même temps, Piaget critique les explications données en termes de variations fortuites combinées au principe de la sélection naturelle. Entre le néo-darwinisme et le lamarckisme, en se basant sur le concept d'"assimilation génétique" de Waddington (voir encadré ci-dessous), il propose un tertium qui s'ajoute aux processus de sélection par élimination et survie sans les exclure. Il s'agit du processus de phénocopie.

Conrad WADDINGTON (1905-1975)

Waddington est un embryologiste et généticien anglais auquel Piaget emprunte sa notion d'"assimilation génétique".

De 1923 à 1926, il se spécialise en paléontologie dans l'étude des Ammonites. A cette époque il s'intéresse beaucoup à la philosophie de Whitehead, qui a par la suite une influence prépondérante sur sa pensée. Préférant étudier les organismes vivants plutôt que les fossiles, il entre en 1929 au Strageway laboratory à Cambridge pour travailler en embryologie expérimentale.

Il entreprend dans les années trente l'étude de l'induction en mettant en évidence l'existence du centre organisateur (territoire inducteur) chez les embryons d'Oiseaux et de Mammifères. S'intéressant à la causalité génétique des processus embryonnaires, il essaie de rapprocher la génétique et l'embryologie pour mieux comprendre le développement. Malgré quelques tentatives isolées de rapprochement, ces deux disciplines coexistent sans converger. La majorité des embryologistes de l'époque pensent que les gènes n'interviennent pas dans la détermination des grands événements morphogénétiques, et que seul un rôle secondaire doit leur être accordé. Waddington ne partage pas ce point de vue ; pour lui, le développement ne peut être compris que si l'on admet une

interaction entre les processus génétiques et embryologiques. Il
essaie alors de rassembler ces deux disciplines en une nouvelle
branche de la biologie, consacrée à l'étude du développement : l'Epi-
génétique. Il propose plusieurs modèles ou plusieurs hypothèses
pour rendre compte de l'interaction gènes/développement, à travers
les notions de canalisation, de paysage épigénétique, de chréodes et
d'homéorhésis.

Il envisage le développement comme un réseau de voies privilégiées,
blindées contre les perturbations externes, résultant de l'équilibre
dynamique des interactions génétiques et épigénétiques sous-
jacentes, qui comporte de nombreux embranchements représentant
des zones d'instabilité et d'alternative.

En 1939 il prend conscience de l'implication scientifique dans les
grands problèmes sociaux et commence à s'interroger sur les
rapports entre la science et la morale, concevant l'origine de la
morale comme une fonction biologique d'acceptation de l'autorité, il
propose quelques années plus tard une morale évolutionniste guidée
par une sorte de sagesse biologique.

A la fin des années quarante, il développe ses thèses épi-génétiques
sur la canalisation du développement et l'assimilation génétique des
caractères adaptatifs, et essaie de montrer leur portée évolutive.
Waddington s'intéresse tout naturellement à l'évolution biologique et
entreprend de réhabiliter le rôle du développement dans l'évolution.
Deux grandes idées sont à la base de l'évolutionnisme de
Waddington : l'importance du phénotype, car c'est sur lui qu'agit en
premier lieu la sélection naturelle ; et la critique du débat en matière

d'adaptation entre caractères acquis et caractères innés, puisqu'en somme tout caractère, même acquis, doit posséder une base génétique. En s'appuyant sur son hypothèse de la canalisation du développement, il montre que le système épigénétique, par ses propriétés inhérentes, impose certaines contraintes à l'expression des mutations aléatoires et à l'emprise des perturbations externes, déterminant par là le registre et les directions possibles du changement évolutif.

Il tente également d'expliquer certaines catégories d'adaptations par l'hypothèse de l'assimilation génétique des caractères acquis. Cette hypothèse repose sur l'idée que les réponses adaptatives qui donnent naissances aux caractères acquis, ont elles-mêmes une base génétique ; et que la sélection naturelle favorisant les individus qui répondent le mieux, peut conduire à l'hérédité des caractères originellement acquis. Waddington souhaite que le paradigme néo-darwinien de l'évolution en termes de sélection naturelle et de mutations aléatoires soit remplacé par un paradigme "épigénétique".

Son intérêt pour l'évolution ne se limite pas à l'évolution biologique. En effet, il se penche sur l'évolution culturelle, qu'il appelle "l'évolution sociogénétique", et cherche à préciser la continuité, le parallèle et les divergences entre ces deux phases de l'évolution. Waddington espère voir se construire une biologie théorique sur le modèle de la physique théorique qui fournirait une théorie générale des systèmes vivants Surtout à partir des années soixante il s'intéresse à la théorisation et à la modélisation des processus biologiques. De 1966 à 1969, il organise une série de rencontres. Son ambition est de définir les critères d'une biologie théorique et d'en établir les premières bases.

L'"assimilation génétique"est un terme introduit par Waddington en 1953 dans son article "Assimilation génétique d'un caractère acquis" qui s'est imposé dans le vocabulaire évolutionniste pour désigner un processus voulant rendre compte, dans le même mouvement, de l'émergence et de la fixation des adaptations des populations naturelles à leur milieu.

Waddington s'attache à la définition d'un processus qui, sans recourir à l'idée lamarckienne d'une hérédité des effets dus à l'usage, ne néglige cependant pas de tels effets, et qui, sans renoncer au principe de la sélection naturelle, évite de renvoyer la précision de l'adaptation biologique au seul hasard de la mutation. Waddington rappelle que Darwin avait admis l'hérédité des caractères acquis en plus de la sélection naturelle. Il souligne que les caractéristiques adaptatives héritées peuvent être souvent obtenues par une stimulation extérieure et au cours de la vie d'un seul individu, mais il n'omet pas de noter aussitôt que cette aptitude à répondre à un stimulus au cours du développement doit recéler, nécessairement, une composante génétique, et de ce fait peut être soumise à sélection.

D'une expérience princeps (1953) il dégage un modèle de processus sélectif : il apparaît chez la Mouche Drosophila melanogaster un accident de la nervation alaire (caractère dit "crossveinless" pour l'absence d'une nervure transversale de l'aile). Ce trait, présent chez certains mutants génétiques, peut aussi être induit par un choc thermique appliqué au cours du développement de l'individu (phénocopie). En sélectionnant les Mouches chez lesquelles le caractère a été obtenu de cette façon, Waddington constitue une lignée où, au fil des générations, une majorité de plus en plus forte d'individus est porteuse de ce caractère. Enfin, et surtout, à partir de la douzième génération, le caractère apparaît sans choc thermique préalable et se transmet spontanément. Pour Waddington le caractère "crossveinless" est, à ce stade de l'expérience, "assimilé" par le génome de la lignée, d'où le nom donné à la fois au processus expérimental et à son résultat.

Le phénomène mime l'hérédité des caractères acquis en ceci que le caractère "crossveinless", tout d'abord induit par stimulation externe (mais seulement chez les individus d'un génotype particulier), est finalement produit spontanément. Mais il ne déroge pas au principe de Weismann car, jusqu'à son assimilation, il n'est jamais question d'une transmission individuelle du caractère. Au contraire, l'augmentation graduelle, génération après génération, du taux de Mouches "crossveinless"est bien, pour Waddington, le signe que la sélection est à l'œuvre dans ce processus. La transposition de ses premières expériences à des caractères susceptibles de porter une réelle valeur adaptative, et selon des plans expérimentaux plus proches d'une sélection naturelle lui permet, sur un plan factuel, de faire valoir la possibilité d'une assimilation génétique naturelle.

Sur le plan théorique, sa critique du néo-darwinisme pour l'attention quasi nulle, qu'il porte au phénotype, l'amène à proposer un nouveau paradigme "post-néo-darwinien" qui reprend les éléments déjà incorporés au processus d'assimilation génétique : la prise en compte de l'action du milieu pendant la construction des phénotypes (ontogenèse), articulée au fait que la sélection naturelle joue d'abord sur ces derniers. Il garde deux ingrédients majeurs du darwinisme : la mutation, source de la variation héréditaire, et la sélection naturelle. Mais au lieu de les maintenir séparés et isolés, au travers du phénotype il pose la question de leur interdépendance, voire de leur inter-détermination. Sa conception originale est un effort intéressant de traduction des propositions lamarckiennes en termes modernes de génétique des populations et non plus d'hérédité individuelle.

Dans le chapitre "l'organisme et le milieu" Piaget consacre quelques pages élogieuses au "tertium de Waddington" dont l'extrait suivant donne la tonalité : "tandis que le lamarckisme voyait dans le germen un instrument de simple enregistrement des modifications somatiques, en vue de la transmission héréditaire, et que le mutationnisme considérait ce génome comme une source unique de préformation ou de variations aléatoires, Waddington (…) le conçoit enfin comme un système actif de "réponses" et de réorganisations, faisant face au milieu sans le subir sans plus, mais utilisant ses informations au lieu de l'ignorer ou de lui imposer son programme. Telle est la nouveauté que représente ce tertium ou le dépassement des thèses jusque-là antithétiques, et c'est pourquoi l'on peut d'ores et déjà considérer que les trois courants dominants des théories de l'évolution sont le lamarckisme, le néo-darwinisme et les conceptions naissantes issues de la cybernétique" ("Biologie et connaissance", 1967, p.175).

Waddington pense que l'expérience réalisée à partir de 1929 par Piaget sur les Limnées de plusieurs lacs suisses constitue le plus bel exemple d'assimilation génétique jamais observé en conditions naturelles. Bien que son interprétation implique une action plus directe de type lamarckien, Piaget lui emprunte le concept d'assimilation génétique pour présenter ses propres idées comme si elles lui sont synonymes lors de son débat avec Chomsky (Royaumont, 1975). Le concept d'assimilation génétique reste une référence obligée pour qui aborde les rapports entre épigenèse et adaptation, car "comme Waddington le souligne si éloquemment, en matière d'évolution, l'extraordinaire importance des processus de développement qui donnent forme au phénotype tient au fait que ce dernier détermine la fitness" sur laquelle s'exerce la sélection naturelle (Mayr, E. Animal species and evolution, Cambridge (Mass.) Belknap Press, 1963). L'assimilation génétique permet d'intégrer le point de vue du développement individuel et celui de l'évolution d'une population.

A partir de ses observations et de ses expérimentations sur les limnées, Piaget donne un excellent exemple de ce processus : la limnée des marais et de la zone sublittorale des lacs présente une coquille allongée (stagnalis) dans les eaux calmes, mais développe une coquille contractée sous l'action des vagues dans des eaux plus agitées (variétés lacustris et bodamica). Les limnées lacustris et bodamica sont des phénotypes dont les descendants retrouvent la forme stagnalis lorsqu'ils sont placés en aquarium. Toutefois, certains phénotypes (lacustris et bodamica), provenant des seuls grands lacs aux eaux agitées (Léman, Neuchâtel, Constance), vont se perpétuer sous la forme contractée de leur coquille lorsqu'on les met en aquarium ou dans une mare alpestre.

Piaget explique que l'adaptation de la Limnée (stagnalis) à un nouveau milieu est assurée par un comportement phénotypique qui en même temps constitue "l'amorce de la transformation de l'organe" (1974, p. 106), entraînant des reconstructions endogènes et géniques ne se produisant qu'ensuite par tâtonnements orientés qui pallient le déséquilibre entre le phénotype et le génotype. Le milieu intérieur transmet ainsi de proche en proche l'information d'un déséquilibre "quelque chose ne marche pas" au génome. Le système génétique va alors réagir en se modifiant par des recombinaisons internes. C'est cette information du génotype par le phénotype que Piaget nomme la phénocopie. Ainsi, un accommodat phénotypique (voir encadré ci-dessous) va aboutir à une mutation génotypique sans qu'il y ait action directe du milieu extérieur sur le génome :

"Je vois là l'effet d'une sélection exercée par le milieu intérieur et épi-génétique, lorsque ce milieu a été modifié sur quelques points par un phénotype acquis et que ce déséquilibre a entraîné (ce qui n'est nullement le cas pour tout phénotype) une sensibilisation des gènes régulateurs : il n'y a donc à faire intervenir aucun "message" du soma au génome, mais une simple perturbation entraînant des variations semi-aléatoires sur lesquelles s'exerce la sélection interne, d'où les réajustements stimulant une fixation du phénotype alors qu'il a été en réalité "remplacé", et cela par une reconstitution purement endogène" (intervention de J. Piaget au centre de Royaumont, Théories du langage, théories de l'apprentissage. Le débat entre Jean Piaget et Noam Chomsky, In: Massimo Piattelli-Palmarini, Paris, Seuil, 1979, p.406.407).

L'Accommodat

L'Accommodat est l'"état d'une plante ou d'un animal qui, à la suite d'un changement de milieu, a présenté des modifications somatiques ou physiologiques, non héréditaires" (Cuénot, 1936). L'accommodat est une réponse adéquate et immédiate à des circonstances déterminées, la modification de ces dernières pouvant entraîner sa régression.

La réalisation d'un accommodat ne relève pas directement d'un déterminisme génétique, mais en dépend, indirectement, en ce que le génotype n'autorise la réalisation que de telles réponses appropriées à telles circonstances.

Des traits morphologiques ayant l'apparence d'une réponse conditionnée à des circonstances immédiates ne sont pas forcément des accommodats : la morphologie superficielle de la coquille d'une Littorine (Mollusque Gastéropode) de Hawaï, lisse en zones battues par les vagues, sculptée en eaux calmes, évoque un accommodat, mais le déterminisme en est génétique (J.W. Struhsaker).

Lamarck fait des réponses immédiates de l'organisme aux conditions imposées par l'environnement (les "changements acquis" - selon sa terminologie - , héritables), les facteurs essentiels des changements évolutifs.

"Or tout changement acquis dans un organe par une habitude d'emploi suffisante pour l'avoir opéré, se conserve ensuite par la génération, s'il est commun aux individus qui, dans la fécondation, concourent ensemble à la reproduction de leur espèce. Enfin, ce changement se propage, et passe ainsi dans tous les individus qui se succèdent et qui sont soumis aux mêmes circonstances, sans qu'ils aient été obligés de l'acquérir par la voie qui l'a réellement créé" ("Philosophie zoologique" , t. I, p. 261).

Les "caractères acquis" sont une réalité, mais leur héritabilité est fort discutée. Leur participation au changement évolutif est admise par Darwin dans toutes les éditions de "L'origine des espèces" à partir de la deuxième. Spencer considère l'hérédité des caractères acquis comme incontestable. A. Weismann réfute, par l'examen des faits évoqués en faveur de l'héritabilité, par l'expérimentation et par des considérations théoriques, toute possibilité de transmission héréditaire de caractères acquis, qu'il désigne comme caractères somatogènes. Pourtant, nombre d'auteurs continuent de les prendre en compte comme source possible de changements évolutifs."

Dans le cas des Limnées lacustris et bodamica, face à une perturbation du milieu, le processus d'accommodation, c'est-à-dire un comportement phénotypique non prévu par les programmes héréditaires, va être à la base d'un travail d'assimilation au génotype qui aboutit à de nouvelles formes stables et transmissibles de l'organisme, puisque Piaget nous dit "une action du milieu n'est acceptable qu'en interaction avec les synthèses épi-génétiques commandées par le génome" (1974, p.83).

Cette thèse n'est pas neuve puisqu'elle a déjà été en partie développée par Baldwin sous l'appellation de "sélection organique" (voir encadré ci-dessous) et plus spécialement par Waddington avec l'"assimilation fonctionnelle" comme nous l'avons déjà soulevé. Piaget cherchera confirmation de son analyse par l'étude d'un végétal appelé Sedum (cf. "Observations sur le mode d'insertion et la chute des rameaux secondaires chez les Sedum", Candollea, 21-22, 1966, p. 137-239 et "Adaptation vitale …" , p. 31-39 ; "Biologie et connaissance" , p.229 et s.).

James Mark BALDWIN (1861-1934)

Baldwin est philosophe de formation. Après avoir été élève de Wundt, il fonde avec d'autres l'école américaine de psychologie expérimentale. Sa psychologie s'articule autour du souci de concilier les aspects biologique, psychologique et social de l'évolution. A la fin du siècle, immédiatement avant la redécouverte des lois de Mendel, il propose un nouveau facteur d'évolution qu'il nomme "sélection organique". Il s'agit d'un principe affirmant que l'action de la sélection naturelle est modulée en fonction des caractères acquis ("accommodations") au cours de l'ontogenèse. La "sélection organique" en modifiant l'apparence et l'environnement de l'organisme au cours de son existence individuelle, retient des modifications structurales ou comportementales acquises, et modifie du même coup les modalités d'action de la sélection naturelle. La répétition au fil des générations de ce couplage de la sélection organique et de la sélection naturelle résulte en une évolution où, si seules les variations héréditaires sont transmises, elles le sont en fonction de l'histoire individuelle des organismes. Pour lui, l'adjonction de la sélection organique à la sélection naturelle éliminatoire permet la rétention de variations nouvelles et les progrès de l'évolution : ces accommodations permettent à de nouvelles variations allant dans les mêmes directions de se révéler au cours des générations suivants, alors que les variations qui vont dans d'autres directions ne survivent pas et sont perdues. La distinction entre variation et accommodation donne à Baldwin l'occasion de décrire un processus où les effets de la sélection naturelle et organique (maintient et perte des différentes variations phénotypiques) sont différenciés de leur action sur les organismes (génotype).

Dans le couple variation évolutive/accommodation ontogénétique que fait Baldwin s'amorce la distinction génotype/phénotype, mais par son rejet de l'hérédité des caractères acquis il adhère à l'idée d'une hérédité inflexible. L'"effet Baldwin" (ou sélection organique) rejoint l'hypothèse de Waddington d'une participation de la variation phénotypique au processus évolutif de l'adaptation.

Dans le chapitre "Baldwin et la sélection organique" de l'ouvrage "le comportement, moteur de l'évolution" (1976), Piaget analyse l'effet Baldwin avant de conclure : "Malheureusement, si la sélection organique est un facteur positif et à retenir, mais encore à la condition d'y englober les mécanismes sélectifs propres au milieu intérieur, on ne trouve pas chez Baldwin d'interprétation convaincante de ce que l'on décrit aujourd'hui en terme de "remplacement du phénotype par un génotype", donc de "phénocopie", car l'auteur de la sélection organique en considère les effets non pas comme un remplacement mais bien comme fixation progressive" (p. 39).

Le problème que soulève la phénocopie sur le plan biologique, Piaget va le retrouver transposé dans les rapports entre les sources exogènes et endogènes sur le plan du développement mental : "Ainsi le rôle respectif de l'assimilation et de l'accommodation dans le processus de la connaissance fournit l'équivalent épistémologique des "accommodats" phénotypiques sur le terrain de la génétique biologique" (1950, p. 105).

Comme Piaget est soucieux d'expliquer le développement des connaissances en histoire des sciences comme au niveau du sujet épistémique, il recherche les mécanismes à l'œuvre dans le passage du niveau biologique au niveau cognitif, de celui de la vie organique à celui de l'intelligence, et ceci à travers les processus de développement à l'œuvre dans l'interaction organisme/milieu, sujet/objet et sujet/expérience. Sa "conviction est qu'il n'y a aucune espèce de frontière entre le vital et le mental ou entre le biologique et le psychologique. Dès qu'un organisme tient compte d'une expérience antérieure et s'adapte à une situation nouvelle, ça ressemble beaucoup à de la psychologie" (Bringuier, p.16).

Il n'est donc pas étonnant que ce soit dans les substructures vitales de l'humain qu'il cherche des instruments d'analyse et les mécanismes fondamentaux de la dynamique mentale et des comportements intelligents. Origine, états finaux, phases intermédiaires, mécanismes de passage d'un stade à l'autre dans un développement suivant un mouvement ascendant relatif au progrès des connaissances, nous retrouvons les mêmes concepts et raisonnements transposés du biologique au psychologique qui assurent ainsi le passage cohérent de l'un à l'autre.

La théorie de l'équilibration ne postule pas tant le retour à l'équilibre (homeostasis, voir encadré ci-dessous) que la recherche de meilleures formes d'équilibre (homeorhesis). Le développement est en un sens une équilibration progressive, un passage perpétuel d'un état de moindre équilibre à un état d'équilibre supérieur. "Car, sur le plan psychologique comme sur le plan biologique, on observe, à part la capacité de conserver un état, celle de régler un cheminement vers un nouvel état ; cette double capacité correspond à la distinction de Waddington (1957) entre homeostasis et homeorhesis. Pour Piaget, l'équilibration résulte de deux tendances fondamentales de tout système cognitif (…) : celle de s'alimenter (assimilation) et celle de se modifier pour s'accommoder aux éléments assimilés (accommodation)" (Montangero, 1994, p.140). En dernière instance ce double processus d'assimilation et d'accommodation reprend des processus empruntés d'ailleurs aux sciences biologiques.

L'Homéostasie

En 1926, W.B. Cannon définit l'homéostasie (physiologique) : "Les êtres vivants supérieurs constituent un système ouvert présentant de nombreuses relations avec l'environnement. Les modifications de l'environnement déclenchent des réactions dans le système ou l'affectent directement, aboutissant à des perturbations internes du système. De telles perturbations sont normalement maintenues dans des limites étroites parce que des ajustements automatiques, à l'intérieur du système, entrent en action et de cette façon sont évitées des oscillations amples, les conditions internes étant maintenues à peu près constantes (…). Les réactions physiologiques coordonnées qui maintiennent la plupart des équilibres dynamiques du corps sont si complexes et si particuliers aux organismes vivants qu'il a été suggéré qu'une dénomination particulière soit employée pour ces réactions : celle d'homéostasie.

La notion d'homéostasie se réfère fondamentalement à celle d'état stationnaire de processus stabilisés par la coordination de mécanismes physiologiques (mécanismes autorégulateurs), et qui permettent à l'organisme de maintenir son intégrité fonctionnelle dans des environnements, internes et externes, fluctuants."

Depuis Cannon, cette notion a été étendue au développement embryonnaire ("canalisation" de Waddington) et aussi aux populations, "considérées comme des organismes doués de propriétés autorégulatrices : homéostasie écologique, sociologique ; l'"homéostasie génétique" est définie comme la capacité des espèces de maintenir la stabilité de leur pool génétique face à des perturbations.

En maintenant la stabilité des génotypes, et donc des phénotypes, l'homéostasie génétique assure la pérennité des espèces. Elle est une conséquence de la sélection naturelle qui favorise les phénotypes moyens plutôt que les extrêmes et qui, vraisemblablement, retient les génotypes hétérozygotes, de valeur adaptative supérieure à celle des homozygotes.

L'homéostasie de développement est la capacité que possède les processus du développement de conduire l'ontogenèse jusqu'à la production d'un phénotype viable, malgré les perturbations qui interviennent dans le déroulement des événements épigénétiques, ou celles qui proviennent de l'environnement. Le maintien d'une trajectoire ontogénétique renvoie au concept morphogénétique de "canalisation".

La théorie de Piaget sur le schéma de base du double processus d'assimilation et d'accommodation qui assoit la théorie de la connaissance non pas sur l'objet ou le sujet, mais sur l'interaction sujet/objet. Une telle théorie met l'accent sur les opérations propres au sujet qui lui permettent d'assimiler le milieu, c'est-à-dire d'intégrer la réalité extérieure à son organisme, puis d'accommoder son organisme au milieu afin de retourner à l'expérience. C'est ce qui définit l'adaptation.

Le double processus d'assimilation-accommodation procède de deux mouvements complémentaires. Le sujet assimile, intègre des caractéristiques du milieu. L'accommodation du sujet semble être un mouvement du milieu vers le sujet. Il y a réunion, rassemblement (simul) en direction (ad) du sujet, fabrication d'une représentation du milieu (simulare) par le sujet en lui (ad). On dira que le sujet agit sur l'objet. Mais à l'opposé, le sujet accommode, modifie ses schèmes moteurs ou cognitifs, les ajuste en vue de leur application au milieu (ad). L'accommodation est la fonction qui va rendre appropriée (commoda) une conduite à (ad) une situation extérieure nouvelle. Elle est utile (commodare) en ce sens qu'elle achève l'adaptation au milieu. On dira ainsi qu'il y a action de l'objet sur le sujet. Dans les deux processus un mouvement est inscrit: ad. Mais il n'a pas le même sens: simul/simulare - commodus/commodare.

Ce que reprend le schéma suivant:

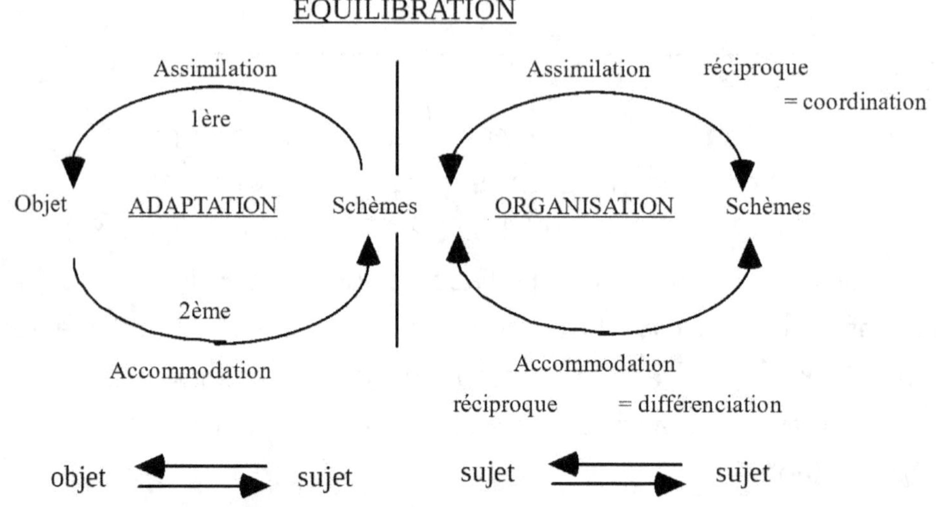

Dans ce double processus l'assimilation précède toujours
l'accommodation :

"[L'accommodation] est toujours l'accommodation d'un schème
d'assimilation: c'est donc celle-ci qui demeure le moteur de l'acte
cognitif (…) ; toute conduite perceptive initiale (visuelle, auditive, etc.)
nous est apparue (…), non pas comme un acte simple, mais comme
une activité assimilatrice susceptible d'exercice ou de répétition, et
par là même de recognition et de généralisation. L'accommodation
des organes des sens à l'objectif et des mouvements de ces organes
à ceux des choses ne saurait donc constituer (…) une donnée
première, mais demeure toujours relative à l'assimilation de l'objet à
l'activité même du sujet" (1945, p.19-20).

Les grandes fonctions biologiques que sont l'adaptation relative au
fonctionnement dans le milieu, et l'organisation relative à la

structuration de l'organisme, sont relayées par les fonctions organiques de l'assimilation et de l'accommodation pour maintenir un état d'équilibre dynamique.

Ainsi la fonction d'autorégulation au niveau organique correspond à la fonction d'équilibration au niveau cognitif par laquelle le sujet est poussé à répondre à des situations nouvelles qui perturbent l'état d'équilibre présent par des compensations actives aux perturbations subies ou anticipées.

La nouvelle organisation suscite elle-même la possibilité d'entrevoir de nouvelles situations perturbantes dans l'appréhension du milieu entraînant la nécessité d'une nouvelle adaptation dont la résolution entraînera à son tour une nouvelle organisation. C'est ce que Piaget nomme le mécanisme de l'"équilibration majorante". En ce sens il y a bien un progrès, c'est-à-dire un dépassement qui n'est pas inscrit d'avance, de toute éternité, dans la structure antérieure, mais qui naît de l'interaction du sujet à l'objet.

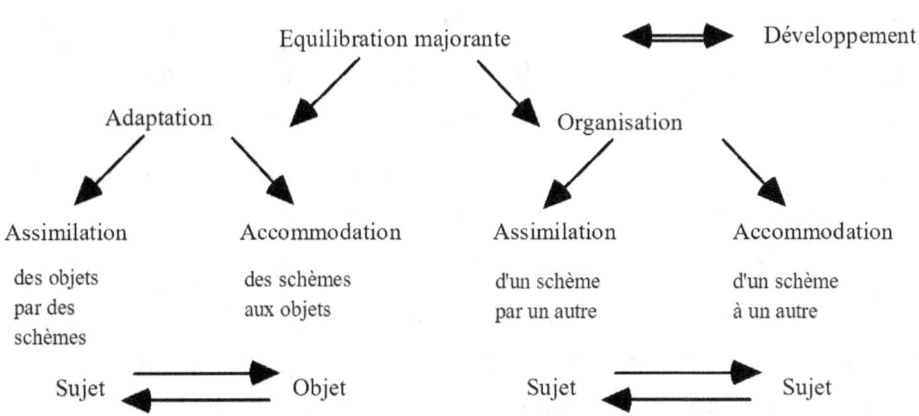

Ce processus général d'équilibration détermine l'adaptation du sujet à son milieu et une organisation interne de plus en plus stable. Ce schéma général du développement cognitif est le modèle de la phénocopie rencontrée au niveau biologique.

Si nous essayons maintenant de résumer la progression de la pensée de Piaget telle que nous la concevons, il nous semble que tout a commencé par un "choc" avec la lecture de Spencer, que Piaget a faite en 1914. Par ailleurs nous savons que chez Spencer il y avait une confusion systématique des différents domaines (biologique, psychologique, sociologique) due en grande partie à la nécessité de démontrer sa conviction sociopolitique. Il nous semble raisonnable de penser que cette manière de raisonner, Piaget s'en est imprégné en lisant Spencer d'autant plus que cette lecture donnait lieu à un choc émotif autant qu'intellectuel. En effet, nous retrouvons chez Piaget dès cette époque la tentative de raisonner dans un domaine en utilisant des concepts et des raisonnements appartenant à un autre domaine. Dans "Bergson et Sabatier", par exemple, il nous dit vouloir comprendre Bergson au travers de Sabatier comme nous pouvons comprendre Darwin et Wallace au travers de Malthus. Au fil du texte, par des analogies et des homologies, nous arrivons à une situation où un auteur explique l'autre et vice et versa à force de mettre en miroir "élan vital" et "conscience morale". Ce mouvement s'amplifie dans "la biologie et la guerre" comme nous l'avions déjà signalé dans l'analyse de ce texte. D'autre part, nous savons aussi qu'à la même époque Piaget lit Le Dantec, chez qui il trouve à la fois un raisonnement qui tente de garder un parallélisme entre les différents domaines, et une alternative à la sélection naturelle inacceptable de par l'application sociologique qu'en fait Spencer et le darwinisme social.

Quand il pose les bases de son "système" dans "Recherche" en 1918 "il était question d'élaborer une théorie positive de la qualité, en tenant compte "des seules relations d'équilibre ou de déséquilibre entre les parties" (p.150)"(1976a, p. 8). Dans cet ouvrage il expose des conceptions relatives à l'assimilation et à l'accommodation ("assimilation fonctionnelle" et "imitation" chez Le Dantec) à deux formes d'équilibre (un relatif à la conservation et l'autre "idéal"), il parle de conservation, d'organisation, avec en toile de fond les relations du tout et des parties sur deux niveaux : organique/ biologique, et conscience/psychologique. Nous conseillons la lecture des pages 149 à 162, mais nous ne résistons pas à l'envie d'en donner un extrait dans lequel nous retrouvons mis en scène tous ces concepts :

"La chimie organique a fait tomber les unes après les autres toutes les barrières qui séparaient autrefois la vie et la matière. Il ne reste plus pour définir la vie, que l'assimilation, source de toute organisation. L'être vivant assimile, c'est-à-dire reproduit, par le fait même qu'il vit, de la substance identique à lui-même. Il a donc une qualité d'ensemble indépendante et stable. D'autre part, en assimilant, il subit l'influence des substances qu'il assimile, du milieu par conséquent, et comme tel il présente des variations, une certaine hétérogénéité qui constitue des qualités partielles. Il suffit donc de poser la vie pour poser l'équilibre entre qualités dont nous venons de parler et notre notion de genre paraît donc une vaine répétition, dans le langage de la qualité, de la biologie de Le Dantec. (...) Un être est (...) d'autant plus apte à comprendre le monde extérieur, c'est-à-dire à subir son influence, à l'"imiter", qu'il est plus lui-même, qu'il a plus d'individualité, c'est-à-dire qu'il "assimile" mieux. Ces deux démarches ne sont pas opposées, elles s'impliquent et l'équilibre tel que l'a conçu Le Dantec n'est qu'une déformation, qu'un cas particulier, de ce dernier équilibre, qui est celui du genre. L'organisation est donc un genre et le parallélisme entre l'équilibre des qualités que suppose la conscience et les réactions de l'organisme lui-même paraît donc une vue féconde" (1918b, p. 155-156).

Il avait donc déjà une bonne part des notions biologiques qu'il incorporera par la suite à sa théorie psychologique. En outre il présente la conception d'un équilibre psychologique composé de trois "qualités" continuant d'exister chacune indépendamment et ayant cependant une résultante commune qui les implique. Cet équilibre de forces psychologiques n'a pas d'égal en physique puisque trois forces matérielles ont pour résultante une quatrième force.

C'est avec ce bagage qu'il aborde l'étude du développement mental de l'enfant. Il découvre alors la notion d'"équilibration majorante" marquant le passage d'une structure cognitive à une autre plus stable accompagnant les stades de développement, du sensorimoteur au formel.

Nous voyons donc que le premier temps d'étude de Piaget, qui a concerné essentiellement la biologie, lui permet l'étude de la psychologie grâce à la transposition de processus empruntés à son premier domaine. De la même manière, il va transposer cette notion d'équilibration élaborée dans le cadre de la psychologie de l'enfant au domaine biologique.

Nous pouvons illustrer cette transposition du niveau cognitif au niveau organique par les deux schémas suivants :

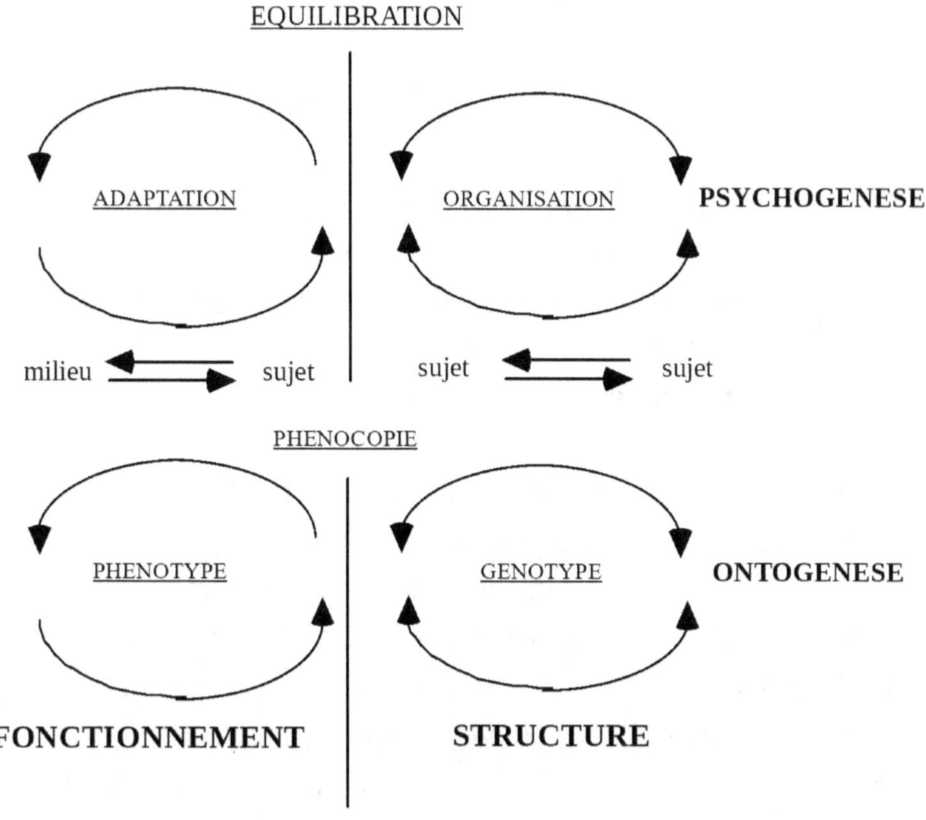

Le passage du niveau embryogénétique au niveau psychogénétique ou encore ontogénétique s'effectue au travers des mêmes grandes fonctions d'adaptation, d'organisation et d'équilibration issues du niveau organique. Les niveaux sont par ailleurs distincts tout en présentant des structures isomorphes. Dans les termes de Piaget, nous avons "continuité fonctionnelle, discontinuité structurale".

De plus, le développement psychogénétique qui caractérise la filiation des structures cognitives repose sur un mouvement d'abstractions qui, d'empiriques, deviennent réfléchissantes. Comme il y a reconstruction, il y a abstraction au sens où le sujet tire des informations de ses connaissances antérieures. L'"abstraction empirique tire ses informations des objets comme telles ou des actions du sujet en leurs caractères matériels, donc de façon générale des observables" (1977, p. 303). Et, "l'abstraction réfléchissante porte sur les coordinations des actions du sujet, ces coordinations et le processus réfléchissant lui-même pouvant demeurer inconscients ou donner lieu à des prises de conscience et conceptualisations variées" (Ibid.).

C'est dans l'abstraction réfléchissante que le parallèle avec la phénocopie se fait jour. Cette abstraction n'est pas tirée des objets, ni des comportements observables, mais des mécanismes de l'activité interne du sujet. Elle est "réfléchissante" en ce sens qu'il s'agit d'un processus de projection. Par exemple, le passage des schèmes sensorimoteurs aux schèmes représentatifs illustre comment une connaissance d'un niveau inférieur est abstraite et portée à un niveau supérieur. Cette connaissance transférée à un palier supérieur va devoir être reconstruite pour être ajustée à ce palier, se transformant en une totalité nouvelle.

Tout processus intellectuel suppose une filiation de processus plongeant ses racines jusque dans les processus vitaux. Tel est l'apport principal de Piaget aux théories de l'évolution, sur fond d'une théorie du développement ancrée sur le double processus d'assimilation et d'accommodation, il fait deux hypothèses : "celle d'une certaine généralité du processus de la phénocopie, comme si toute adaptation nouvelle débutait par des explorations et essais phénotypiques, au lieu de résulter, comme le voudrait la doctrine simpliste à la mode, d'une multiplicité de coups du hasard triés par les sélections ultérieures ; et celle d'une parenté entre les phénocopies organiques et cognitives, comme si les propriétés d'équilibration et d'autorégulation que l'on retrouve en tous les domaines de la vie entraînaient l'existence d'une tendance générale à la reconstruction endogène des acquisitions instables de nature exogène" (1974, p. 103).

Le Tertium, une Position Intermédiaire

Piaget propose son tertium comme position intermédiaire dans les théories de l'évolution en particulier pour s'opposer à trois traits inhérents du néo-darwinisme. Sa première objection concerne la nature hasardeuse des variations que les lois de Mendel attribuent à la génétique et à la mutation génétique. En second lieu, il soutient que la réponse des organismes est active/sélective, non pas passive/réactive. Finalement, il s'oppose à une vue réductionniste de l'évolution biologique où l'ADN seul joue un rôle dans la détermination de l'adaptation.

En 1968, Piaget se fait clairement entendre dans ses mises en garde contre le réductionnisme lors du symposium Alpach, intitulé "Au-delà du Réductionnisme" auquel participent aussi Paul Weiss, Barbel Inhelder, C.H. Waddington, et Ludwig Bertalanffy.

Le propos de Piaget n'est certes pas de contester les lois des sciences physiques dans son tertium, mais plutôt de souligner les problèmes que posent les récentes découvertes de la fin des années septante et que la perspective réductionniste est insuffisante à expliquer, en particulier en biologie. Ainsi presque 30 ans après que Piaget eut exprimé sa position, Jablonka et Lamb (1995) notent :

"Nous voulons mettre en évidence une fois encore que nous acceptons entièrement le cadre théorique de l'évolution par sélection naturelle, mais nous contestons que la version traditionnelle de la théorie soit basée sur une théorie incomplète de la variation. C'est la version de la théorie de l'évolution par sélection naturelle originellement décrite par Darwin, plutôt que la version néo-darwinienne qui est en accord avec la connaissance actuelle de l'hérédité. Les nouveaux développements en biologie moléculaire n'altèrent pas la structure initiale de la théorie darwinienne qui veut que les variations héréditaires affectant la fitness soient la base de l'évolution adaptative, mais ils modifient le contenu de la théorie et ses implications. La reconnaissance que des variations héréditaires sont dirigées et qu'il y a en plus de l'ADN d'autres facteurs d'information, rend nécessaire de reconsidérer les aspects fondamentaux de la biologie évolutionniste. Ces facteurs incluent les conditions stressantes, des séquences réparatrices d'ADN et des enzymes de défense, l'héritage épi-génétique, la transmission comportementale et culturelle. Cela permet aussi une unification plus satisfaisante de quelques parties de la biologie, en particulier l'intégration de la biologie développementale avec la biologie évolutionniste. Clairement, la vision intermédiaire de l'évolution de Piaget opposée aux doctrines sous-jacentes du néo-darwinisme (par exemple hasard, passivité et réductionnisme) et plaidant pour un mécanisme interactif de l'évolution, est opportun"(Jablonka et Lamb, 1995, p. 278).

Nous avons vu que les explications offertes à la fois par Lamarck et les néo-darwiniens paraissent trop passives aux yeux de Piaget. Ainsi dans "Biologie et connaissance" il dit : "en ce qui concerne l'hérédité, Lamarck oubliait à nouveau la nécessité d'une organisation interne qui réagit activement et ne subit pas sans plus les événements extérieurs" 1967, p. 157). Et c'est dans le but d'étoffer une position intermédiaire entre les deux précédentes théories que Piaget commence à travailler à l'étude du développement de l'enfant en pensant n'y consacrer que cinq années alors qu'il y consacre plus de cinquante ans.

En effet, pour lui, Lamarck avance une idée trop forte de contrôle environnemental sur le comportement et les adaptations structurales d'un organisme tandis que les néo-darwiniens expliquent l'adaptation évolutive comme le résultat d'une mutation fortuite du pool génétique comme si le gène attendait passivement l'impact d'un événement dû au hasard.

Pour Piaget, le développement, et plus particulièrement le développement cognitif, est un processus actif menant à une sélection dans l'environnement. En conséquence, Piaget propose des mécanismes de régulation, incarnés dans sa fonction d'équilibration centrale dans sa perspective interactionniste.

Pour revenir sur les observations de Piaget sur la Limnaea Stagnalis, c'est le contraste entre les groupes "B" et "C" qui attire notre attention en passant leur forme globuleuse à des générations successives. Mais, après des générations, placées en aquarium, "B" revient à un phénotype de forme allongée alors que "C", ayant subit des conditions extérieures plus extrêmes, garde une forme globuleuse, maintenant inscrite dans son génotype. Le contraste des deux, montre le phénomène intermédiaire de la phénocopie (fig. 1)..

Figure 1 : La Limnaea Stagnalis comme un exemple de phénocopie

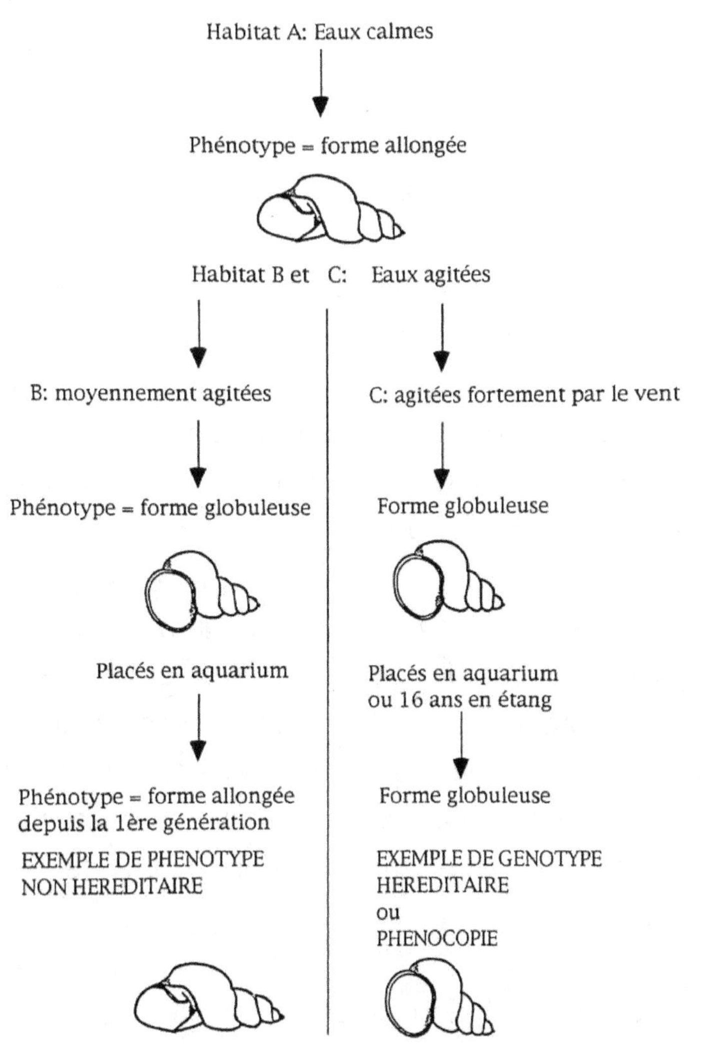

Gallagher, J.M. & Reid, D.K.. (1983). The learning theory of Piaget and Inhelder. Austin

Comme nous l'avons déjà vu, "la phénocopie est une convergence entre un accommodat phénotypique et une mutation génotypique qui vient le remplacer et on l'explique ordinairement par l'intervention de processus géniques" (1974, p.2). La position intermédiaire de la phénocopie met en relief, et les pressions environnementales et les régulations internes de l'organisme. Ces régulations, à leur tour, sont modifiées par l'interaction avec l'environnement. Les limnées de l'habitat C régulent une reconstruction du matériel génétique initial tel que le changement morphologique est conservé par la descendance quel que soit le nouveau milieu. "Dans ce cas, l'évolution n'est pas seulement verticale (par exemple des parents aux enfants), mais aussi horizontale et oblique (vers et à partir d'autres individus dans le groupe)" (Jablonka et Lamb, 1995).

Récemment, les scientifiques ont montré un grand intérêt pour la notion lamarckienne d'hérédité des caractères acquis et Piaget s'est déjà exprimé à ce propos en rejetant la vision simpliste d'un impact direct du milieu sur le génome, arguant que c'est dans le cadre de la norme de réaction de l'organisme qu'il faut chercher les limites des interactions entre l'environnement et les possibilités offertes par le matériel génétique.

Dès 1947 le Français J. Monod, étudiant la bactérie Escherichia coli, découvre que lorsqu'on lui donne du glucose et du lactose, le premier est immédiatement consommé mais pas le second. La croissance est normale puis s'arrête au bout de quelques heures, le glucose ayant été consommé ; c'est alors le lactose qui est entamé. On constate que l'enzyme qui permet la consommation du lactose n'apparaît que lorsque la dernière trace de glucose à été consommée. C'est elle qui permet alors de dégrader le lactose en ses composants, glucose et galactose. Monod en conclut que la consommation du glucose est constitutive alors que celle du lactose est adaptative. Dans "Biologie et connaissance", Piaget cite élogieusement ces travaux : "Il faut citer d'abord les beaux travaux de Jacob et Monod sur l'Escherichia coli, qui montrent, par des modifications du milieu, l'existence d'interactions entre le cytoplasme et le génome pouvant être suivies jusque dans le détail de la production des enzymes et se traduisant, soit par des effets inducteurs sur les opérons, soit par des répressions sur les régulateurs. On connaît depuis longtemps chez les insectes (Beerman) des actions hormonales analogues s'exerçant sur les mécanismes génétiques, et on commence à en trouver chez les vertébrés. Ces divers faits n'intéressent encore que l'activité fonctionnelle de diverses substances susceptibles de modifier l'une ou l'autre des quatre bases de l'ADN" (1967, Note p. 408).

En 1980 Piaget trouve d'autres supports à son concept de phénocopie. Scandalios, par exemple, identifie un gène de régulation temporelle dans le maïs. Trouver un gène régulateur qui interagisse avec les gènes structuraux d'un organisme complexe est une grande révolution dans la recherche génétique. La même année, Kolata et d'autres biologistes renforcent également cette position. En effet, plusieurs biologistes moléculaires découvrent du matériel extra-génétique en morceaux le long de l'ADN. Ils voient le matériel extra-génétique comme une clé pour répondre à quelques-unes de leurs questions sur la façon dont l'expression des gènes est contrôlée. Ces courants en génétique et en biologie moléculaires modèrent la confiance dans les conceptions centripètes de l'ADN concernant l'évolution.

Evidence Contemporaine du Tertium de Piaget

Plusieurs directions de la recherche contemporaine apportent un support à la position intermédiaire de Piaget en montrant des interactions entre l'environnement et la norme de réaction des variations génétiques.

Le généticien britannique John Cairns dirige une des recherches les plus largement citées sur ce qui a été appelé mutation adaptative ou dirigée. Thaler et Messmer (1996) appellent cette recherche "l'évolution de l'intelligence génétique" définie comme "l'information héréditaire responsable des mécanismes qui génèrent le changement génétique" (1996b, p. 407). Cairns utilise des méthodes incluant des analyses de probabilités complexes dans ses études sur les mutations des bactéries Escherichia coli.

Cairns découvre des mutations dirigées plutôt que dues au hasard, qui apparaissent plus fréquemment quand l'organisme est sous une pression sélective visant à cette mutation, c'est-à-dire quand la mutation est avantageuse. Les mutations dues au hasard, d'un autre côté, sont celles qui n'apparaissent pas plus fréquemment dans des environnements qui sont censés les favoriser que dans les environnements qui ne le sont pas. Cairns et ses collaborateurs trouvent des mutations dirigées dans les bactéries qui sont incapables de digérer le lactose. Sous stress (famine) cependant, la bactérie développe les mutations nécessaires pour la digestion du lactose. Les mutations acquises sont celles qui sont très spécifiquement bénéfiques dans cet environnement particulier. Les chercheurs Steele (1981) et Cullis (1988) ont obtenu des résultats similaires.

Commentant ces découvertes, Jablonka & Lamb (1995) remarquent que ceux qui remettent en question ces études sont "réticents à écarter le dogme dominant qui dit que toutes les mutations sont dues au hasard (…) les gens ne veulent toujours pas accepter la possibilité qu'il puisse y avoir des processus (tels que le stress ou d'autres perturbations) qui produisent des mutations nécessaires, plutôt que juste des mutations générées par le hasard qui n'apportent aucun avantage. La sélection est encore regardée comme le seul rôle de l'environnement dans l'évolution. Le rôle de l'environnement dans l'induction de variation a été largement ignoré" (1995, p.66).

Concernant la recherche de Cairns, Thaler souligne qu'une vue complète de l'évolution requiert la prise en considération du fonctionnement de l'environnement à chaque étape. Comme il le montre dans le diagramme de la figure 2, l'environnement fonctionne aux trois étapes de l'évolution représentées dans le schéma par les nombres 1, 2, et 7 (Thaler, 1994).

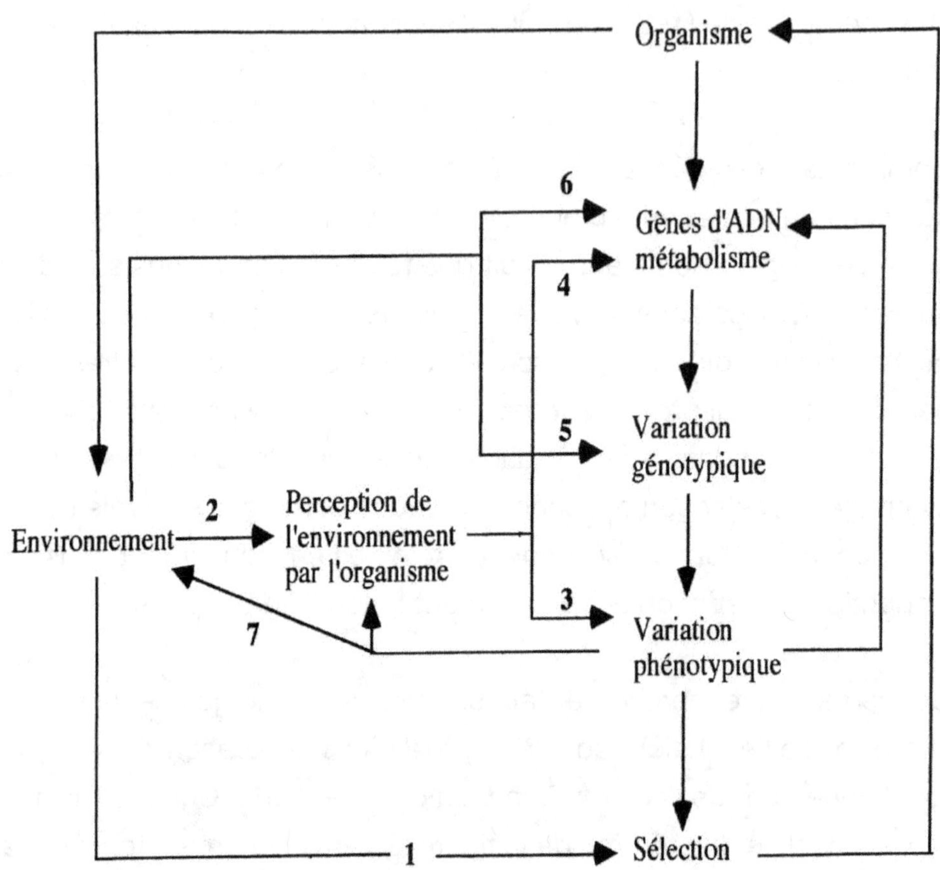

Thaler, D. S. (1994) Science 264, p. 224-225

A l'étape 1, l'environnement est l'agent de sélection. A l'étape 2, l'organisme perçoit l'environnement, à l'étape 3 il modifie sa physiologie - comme dans l'exemple des limnées des eaux agitées de la figure 1. A l'étape 4, l'organisme utilise cette perception pour modifier son métabolisme génétique. A l'étape 5, l'environnement empiète directement sur l'ADN. Comme par exemple à travers des radiations ou des mutagènes chimiques. A l'étape 6, l'environement entre en interaction indirecte avec l'ADN - par exemple à travers des inhibiteurs biochimiques en chimiothérapie. A l'étape 7, en conséquence de son accommodation de l'étape 3, l'organisme modifie l'interaction environnementale avec le génome. Le schéma de Thaler explicite à la fois la nouvelle conception de l'évolution et supporte l'opinion interactionniste avancée par Piaget. Ainsi, vingt ans avant Thaler, Piaget (1974) associait le rôle de l'environnement au déséquilibre engendré entre phénotype et génotype.

En conclusion, nous pouvons dire que s'appuyant sur les travaux de Waddington, le tertium de Piaget est en accord avec la plus grande partie de la pensée moderne en biologie moléculaire et en génétique. L'évolution des espèces comme le développement cognitif se produisent dans l'interaction sujet/milieu quand le sujet actif est amené à surmonter un état de déséquilibre.

Pour le plaisir nous avons été tenté de prolonger les réflexions auxquelles nous menait le modèle de la phénocopie. Partant d'un schéma de base (voir ci-dessous: Schéma de base) relatif aux grandes fonctions biologiques, nous avons essayé d'appliquer la formule, plus que fondamentale, du structuralisme constructiviste "continuité fonctionnelle, discontinuité structurale", aux différents niveaux de complexité de la vie (voir ci-dessous: Développement du modèle de base).

Schéma de base

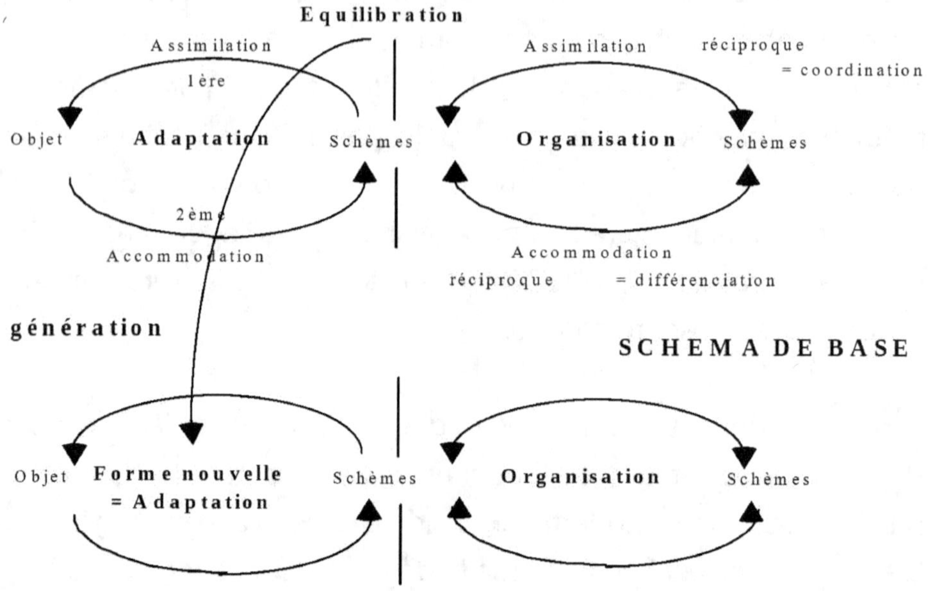

Développement du modèle de base

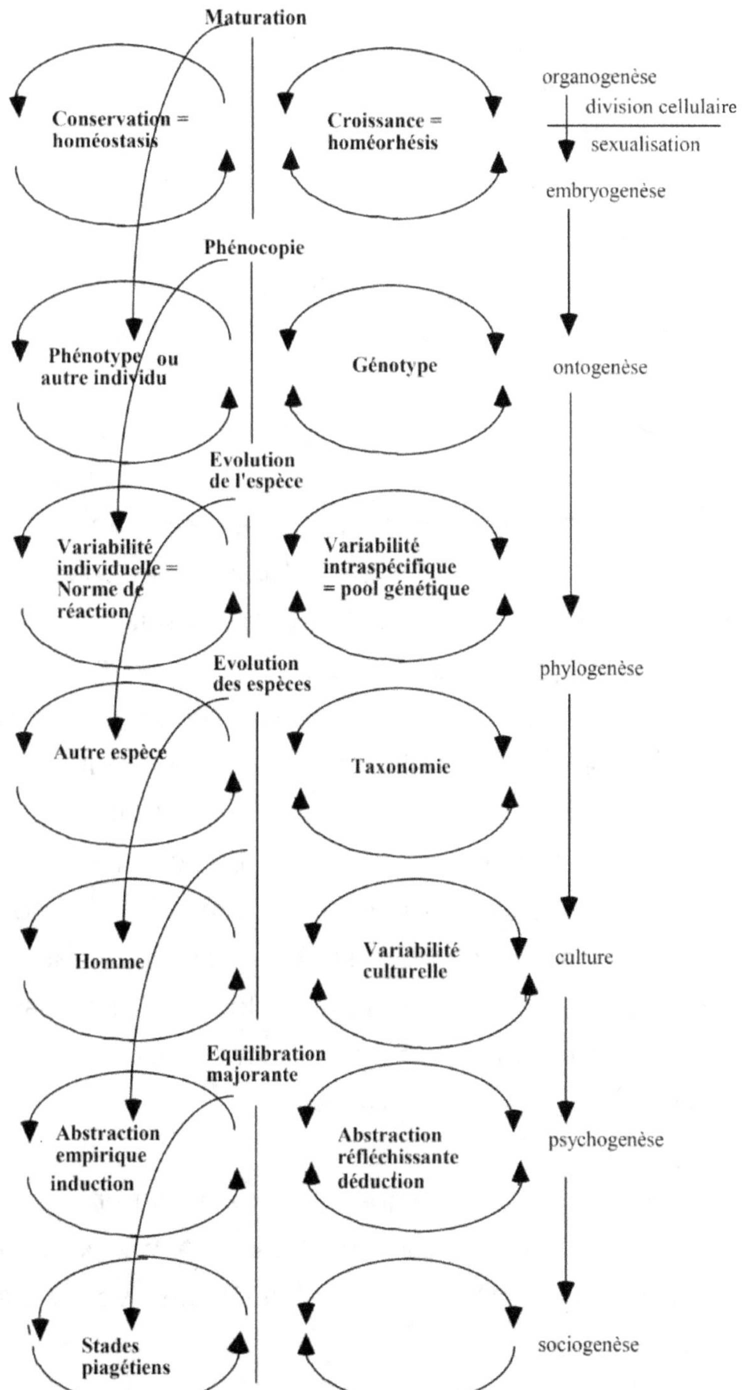

En partant comme sur le schéma de base des trois grandes fonctions de Piaget, à savoir équilibration, adaptation, organisation, nous avons explicité le passage d'une structure à une nouvelle structure par la fonction que nous appelons "génération". Dans chaque niveau le cercle de gauche est relatif aux relations milieu/sujet et le cercle de droite est relatif aux relations sujet/sujet, autrement dit, le premier au fonctionnement, le second à la structuration. Ces deux mêmes cercles figurent les deux caractéristiques fondamentales de la vie, pour le premier la conservation, pour le second la croissance.

L'organogenèse concerne un organisme simple, "unicellulaire" qui se reproduit par mitose. Avec l'évolution nous voyons apparaître la sexualisation qui permet une beaucoup plus grande variabilité, et nous aboutissons alors à l'embryogenèse. L'organogenèse est intégrée dans l'embryogenèse, de même que par la suite l'embryogenèse est intégrée dans l'ontogenèse, et ainsi de suite. Nous faisons l'hypothèse que la très grande stabilité génétique de l'homme est corrélative de la variabilité culturelle. L'armature de l'explication dans la théorie de l'équilibration - qui, comme le dit Cellerier, est à la psychogenèse ce que "la théorie de l'évolution est à la phylogenèse des formes biologiques" (cf. Epistémologie génétique et équilibration, Paris-Neuchâtel-Montréal, Delachaux et Niestlé, 1977, p.102) - repose en dernière instance sur le double processus d'assimilation et l'accommodation, termes empruntés d'ailleurs aux sciences biologiques comme nous l'avons vu.

Nous avons totalement conscience que ce modèle est purement spéculatif et qu'il y a encore beaucoup d'améliorations à lui apporter, des précisions dans les termes et la disposition. Nous avons voulu le joindre à notre étude comme étant ce à quoi notre réflexion nous a mené au fil de sa conception.

SYNTHÈSE ET CONCLUSION

Comme l'indique le titre de notre ouvrage, le but de notre réflexion était de cerner, autant que faire se peut, la pensée biologique de Piaget dans son remarquable parcours scientifique. Nous avons vu que ses études de malacologie, aussi prématurées soient-elles, lui ont apporté à la fois des questions et des outils pour répondre à son interrogation sur la "Vie" et toutes ses formes. Ayant eu la chance de naître dans un contexte intellectuellement stimulant, il a pu donner libre cours à sa curiosité naturelle. Dès ce moment il s'est plongé dans de nombreuses lectures, mais aussi il a eu l'opportunité de rencontrer des "maîtres" de valeur dans le sens qu'ils ont su nourrir cette curiosité et lui donner confiance en ses capacités. Aussi a-t-il osé aller de l'avant dans ce qui le passionnait, ce qui le mènera d'abord à une conviction intuitive quant aux phénomènes de vie puis à élaborer un système original de biologie théorique qu'il perfectionnera tout au long de sa carrière. En effet, fort de cette conviction il a pu dépasser et surmonter les conceptions ne cadrant pas avec son propre système qu'il a immanquablement rencontré sur sa route. Et même, ces contradictions l'ont motivé à trouver de nouveaux arguments de telle sorte qu'il a pu les intégrer et poursuivre par là même l'élaboration de son système. Quoiqu'il en soit, partant de l'étude de la vie des mollusques il passera au développement de l'enfant toujours guidé par des interrogations biologiques qui le tiendront même jusqu'à la fin de ses jours avec une dernière étude sur les Sedum.

Arrivé au terme de cet ouvrage, nous voyons que Piaget a de tout temps été habité par la même interrogation concernant la "Vie", mais contrairement à beaucoup, il a continué toute sa vie à se poser la question encore et encore habité par la même curiosité que durant son enfance.

BIBLIOGRAPHIE

Piaget, Jean

- 1907. Un moineau albinos. Le rameau de sapin, Neuchâtel, 1907, 41, p.36
- 1911. Les limnées des lacs de Neuchâtel, Bienne, Morat et des environs. Journal de conchyliologie , Paris, 59. (4ème série, t. 13), pp. 311-332 + 333-340
- 1912 Les récents dragages malacologiques du M. le Prof. Emile Yung dans le lac Léman.Journal de conchyliologie, Paris, 1912, 60, p. 205-232.
- 1913a. Malacologie alpestre. Revue suisse de zoologie, 1913, 21. pp. 439-576.
- 1913b. Les mollusques sublittoraux du Léman recueillis par M. le Prof. Yung. Zoologischer Anzeiger, Leipzig, 42, p. 615-624.
- 1913c. Nouveaux dragages malacologiques de M. le Prof. Yung dans la faune profonde du Léman. Zoolischer Anzeiger, Leipzig, 1913, 21, p. 216-225.
- 1914a. Bergson et Sabatier. Revue chrétienne, Paris, 1914, 61, p. 192-200.
- 1914b. L'espèce mendélienne a-t-elle une valeur absolue?. Zoolischer Anzeiger, Leipzig, 1914, 44, p. 328-331.
- 1914c. Notes sur la biologie des limnées abyssales, Biologisches Supplement VI. zur Internationale Revue der gesamten Hydrobiologie und Hydrographie. Leipzig. p. 1-15.
- 1914d. Premières recherches sur les mollusques profonds du lac de Neuchâtel. Bulletin de la Société neuchâteloise des sciences naturelles (1913-1914), 1914, 40, p. 148-171.

- 1915. La Mission de l'Idée. Lausanne: Edition La Concorde, 1915 (couverture 1916).
- 1918a. la Biologie et la Guerre. Feuille centrale de la Société suisse de Zofinge (1917-1918), 1918, 58, p. 374-380.
- 1918b. Recherche. Lausanne: Edition La Concorde, 1918
- 1918c. Introduction à la malacologie valaisanne (Thèse soutenue en 1918).
    - 1ère partie publiée dans le Bulletin de la Murithienne, Société valaisanne des sciences naturelles. Sion, 1921, 40, p. 86-186
    - 2ème partie publiée dans le Bulletin de la Murithienne, Sion, 1925, 42, p. 82-112
- 1920. Corrélation entre la répartition verticale des mollusques du Valais et les indices de variation spécifique. Revue suisse de zoologie, 1920, 28, p. 125-133.
- 1929. L'adaptation de la Limnaea stagnalis aux milieux lacustres de la Suisse romande. Etude biométrique et génétique. Revue suisse de zoologie, 1929, 36, p. 263-531.
- 1945. La formation du symbole chez l'enfant,. 1945. Paris, Delachaux et Niestlé.
- 1950. Introduction à l'épistémologie génétique, 1950, 3, Paris, PUF.
- 1967. Biologie et connaissance, Paris, Gallimard.
- 1970. (Piaget J. & Fraisse P.) Traité de psychologie expérimentale. Histoire et Méthode t. 1. Paris, PUF.
- 1974. Adaptation vitale et psychologie de l'intelligence. Sélection organique et phénocopie. Paris, Hermann, 1974.
- 1976a. Autobiographie. Revue européenne des sciences sociales, 1976, 14, N°38-39.
- 1976b. Le comportement, moteur de l'évolution. 1976, Paris, Gallimard.

- 1977. Recherches sur l'abstraction réfléchissante. 1977, Paris, PUF.

Ouvrages non cités:
- Piaget, J. (1929) Les races lacustres de la «Limnaea stagnalis» L. : recherches sur les rapports de l'adaptation héréditaire avec le milieu. Bulletin biologique de la France et de la Belgique, 1929, 63, n°3, p. 424-455.
- Piaget, J. (1977). Mes idées. Paris, Denoël/Gonthier.

Roszkowski, Waclaw

- 1912. Notes sur les limnées de la faune profonde du lac Léman Zoologischer Anzeiger, 1912. Leipzig, 40 , p. 375-381.
- 1913. A propos des limnées de la faune profonde du lac Léman. Zoologischer Anzeiger, 1913. Leipzig, 43 , p. 88-90.
- 1914. Contribution à l'étude des Limnées du lac Léman, Revue suisse de zoologie, 1914, 22, p. 457-539.

Autres Auteurs

- Bringuier, J.-C. (1977). Conversations libres avec Jean Piaget. Paris, Robert Laffont.
- Collectif (s/s la dir. de Barrelet, J.-M. & Perret-Clermont, A.-N.) (1996a) Jean Piaget et Neuchâtel. L'apprenti et de savant. Lausanne, Payot.
- Darwin, Ch. (1859) L'origine des espèces.,1973, Paris, Marabout Université.
- Darwin, Ch. (1868). De la variation des animaux et des plantes à l'état domestique. t.1, Paris, Ed. Reinwald.

- Darwin, Ch. (1871) La descendance de l'Homme. 1981. Paris, Complexe.
- Ducret, J.-J. (1990). Jean Piaget, Biographie et parcours intellectuel. Neuchâtel, Delachaux et Niestlé.
- Ducret, J.-J..(1984). Jean Piaget, savant et philosophe. Les années de formation, 1907-1924. Etude sur la formation des connaissances et du sujet de connaissance. Genève, Droz.
- Gallagher, J.M. & Reid, D.K.. (1983). The learning theory of Piaget and Inhelder. Austin.
- Gley, E. (1900). La Société de biologie de 1849 à 1900., Paris, Revue Scientifique.
- Gould, S.-J. (1977). Ontogeny and phylogeny. Washington, Harvard College.
- Goulven, L. (1987). Paléontologie et évolution en France de 1800 à 1860.
- Gruber, H. & Vonèche, J. (1977). The essential Piaget. An Interpretive Reference and Guide. New York, Basic Books.
- Jablonka, E. & Lamb, M.J. (1995). Epigenetic Inheritance and evolution: The Lamarckian dimension. New York, Oxford University Press.
- Montangero, J., Maurice-Naville, D. (1994). Piaget ou l'intelligence en marche, Liège, Mardaga.
- Thaler, D.S. & Messmer, B.T. (1996b) Evolution of genetic intelligence. In. R.A. Meyers (Ed.), Encyclopedia of molecular biology and molecular medecine. New York, VCH Publisher, p. 407-414.
- Thaler, D.S. (1994). The evolution of genetic intelligence. Science, 264, p. 224-225.
- Tort, P. (1992). Darwinisme et société. Paris, PUF.

- Vidal, F. (1988) Piaget adolescent. 1907-1915. Thèse de doctorat présentée à l'Université de Genève, Genève.
- Vidal, F. (1992). Jean Piaget's early critique of mendelism, Lettre non cataloguée, de Roszkowski du 17 mai 1913, in: F.Vidal, History and philosophy of the life sciences, 14.
- Vidal, F. (1994). La psychologie de Charles Bonnet comme «miniature» de sa métaphysique. In: Charles Bonnet. Savant et Philosophe (1720-1793). 44,. Genève, Passé Présent.
- Vidal, F. (1994). Piaget before Piaget. Londres, Harvard University Press.

Pour Aller Plus Loin

- Bideau, J. et coll. (1992) L'homme en développement. Paris, PUF.
- Bomblies, K. Peichel, C.L., PNAS, vol. 119, n. 30. https://doi.org/10.1073/pnas.2122152119
- Buican, D. (1987). Darwin et le darwinisme. Paris, PUF.
- Cocude, M. (1993) L'homme biologique. Paris, PUF.
- Collectif. (1996c) Dictionnaire du Darwinisme et de l'évolution. sous la direction de P. Tort. 3 tomes, Paris, PUF.
- Collectif. (1991). Grand dictionnaire de la psychologie. Paris, Larousse.
- Compayré, G. (1901). Herbert Spencer et l'Education Scientifique. Paris, P. Delaplane.
- Dolle, J.M. (1997). Pour comprendre Jean Piaget. 3ème édition. Paris, Dunod.
- Julia, D. (1964). Dictionnaire de la philosophie. Paris, Larousse.
- Parot, F. & Richelle, M. (1992) Introduction à la psychologie. Histoire et Méthodes. Paris, PUF.